戦略的
技術経営入門

グローバルに考えると
明日が見える

芝浦工業大学MOT 編

MOT

芙蓉書房出版

はじめに

　「グローバル」という言葉を毎日のように聞かされているビジネスマンの方は多いでしょう。調べてみると、この一年の間に朝日新聞で796件、読売新聞で677件、日本経済新聞にいたっては2,312件の記事で「グローバル」という言葉が登場しています。この3紙を講読している人なら、毎日10件以上もの記事でこの言葉に出会っていることになります。

　言うまでもなく、「グローバル」とは「世界的な」とか「世界規模の」という意味の言葉ですが、特にビジネスの世界でこの言葉が使われる時は、

　人も、物も、金も、情報も、権益も、技術も、全てが国境を越えて動き回り、そしてつながりあう状況

というような意味で使われることが多いと思います。この言葉が大きな影響を与えている時代に我々は生活し仕事をしているのです。

　我々が暮らすこの日本という国は、厳しい出来事や時代を経ながらも、美しい風景と豊かな心を受け継ぎ今日に至っています。現代に生きる我々はこれを堅持し発展させて、将来につなげていかなければなりません。しかし我々を取り巻く環境は世界レベルで急速に変化し、居心地の良い日本の中で閉じこもることを許さなくなっています。「グローバル」が重要なキーワードである時代において、我々はどのように思考し行動すれば素晴らしい日本を守っていけるのか、その解

を得るには優れた知恵と強い意志が必要です。ビジネスマンの知恵を鍛え、グローバルに活躍できる能力の向上を図るための高度な教育の役割がますます重要になります。

そのような中、技術経営（MOT: Management of Technology）教育の役割に注目が集まっています。MOT とは、いわゆる MBA で学ぶ経営のエッセンスに加え、日本が得意とする科学や技術の成果を製品やサービスへと価値転換するための力を身につけるための学問です。日本が世界と戦う上で武器としている「技術」も、グローバルな視点でマネジメントを行わなければ役に立たないこの時代に不可欠なものです。

芝浦工業大学は、日本で最初の技術経営学の専門職大学院である工学マネジメント研究科を2003年に開設し、今年10周年を迎えています。この10年の間に多くの技術経営人材を輩出し、卒業生が社会で活躍しています。この本は、この工学マネジメント研究科で教育、研究を担当する教授陣による渾身のビジネス書です。

この本には、手に取っていただいたビジネスマンの皆さんの5年後、10年後の仕事と生活の向上に何か一つでも役に立てば、という執筆陣の強く熱い気持ちが込められています。ぜひ最後まで読んでいただき、グローバル時代における明日の日本を考えるための一助としていただければと思います。

田中　秀穂
芝浦工業大学大学院　工学マネジメント研究科
教授　研究科長

芝浦工業大学大学院
工学マネジメント研究科

　芝浦工業大学は「社会に学び社会に貢献する実践的技術者の育成」を建学の理念として、1927年に有元史郎によって東京高等工商学校として創立され、以来「実学を通じて真理を探究できる技術者、高い倫理観と豊かな見識を持った技術者」を掲げて多くの卒業生を送り出し、社会に貢献してきました。

　本学工学マネジメント研究科（MOT）は、実学重視の建学の理念をもとに、日本で最初の専門職MOT大学院として2003年に発足しました。

　社会・経済状況が激しく変わり、ますますグローバル化が進展する中で、従来からの延長線上には将来はなく、新製品や新サービスの導入、新製造プロセス・新業務フロー・新バリューチェーンの構築など、企業をはじめあらゆる組織が変革を迫られています。その変革の原動力は、「新しいアイディアを新規の製品やサービスに具現化する、あるいは既存の製造プロセスや業務フローの革新を実現する」イノベーションにあります。本学MOTは、そのイノベーションの担い手を育成することを目標とし、活力に満ちた社会構築に貢献します。

戦略的技術経営入門
——グローバルに考えると明日が見える

はじめに　　　　　　　　　　　　　　　　　田中　秀穂　*1*

1　がんばろう日本経済
　　　　　　　　　　　　　　　　　　　　　安岡　孝司　*9*

1. デフレの出口はどこに　*9*
2. デフレの2重らせん　*13*
3. 再び立ち上がるために　*14*

2　グローバル化と日本企業
　　　　　　　　　　　　　　　　　　　　　稲村　雄大　*17*

1. グローバル化とは　*18*
2. グローバル化の影響　*19*
3. 市場のグローバル化と日本企業　*25*
4. 生産のグローバル化と日本企業　*26*
5. 不十分な市場と十分な市場　*30*
6. 日本企業の戦略　*33*

3　バリュー・ネット時代をどう生き抜くか？
　　　　　　　　　　　　　　　　　　　　　平野　真　*35*

1. オセロゲームのような時代　*35*
2. 変化の兆し　*36*
3. 新たな組織の考え方　*38*

4．新たな組織の活躍 *41*
5．バリュー・ネット時代の到来 *43*
6．ビジネス・モデル主導の価値体系のリストラクチャリング *45*
7．キー・コンセプトの発見による価値体系の創造 *49*
8．ネットワーク化からグローバル化へ *51*
9．新たな日本の出番とMOT *53*

4 挑戦なければセレンディピティもない（Bootlegs戦略）
渡辺 孝 *55*

1．某有機廃棄物エネルギー転換プラント開発の紆余曲折 *55*
2．挑戦とセレンディピティ *59*
3．日本大企業病と某省電力制御ディバイス技術 *61*
4．出口は何処に *63*
5．Bootlegイノベーションの薦め *65*

5 グローバル知的財産戦略
田中 秀穂 *71*

1．日本の技術貿易収支 *72*
2．新幹線技術の中国特許問題 *75*
3．日本企業の海外特許出願動向 *77*
4．新興国の追い上げ *81*
5．「科学技術立国」、「貿易立国」、「知的財産立国」、そして *83*

6 日本のラグジュアリー・カーづくりへのヒント
堀内 義秀 *85*

1．問題提起：コモディティ化した自動車 *87*
2．日本の自動車づくりについての評論家、デザイナーなどの意見 *90*
3．ライカの購買意思決定についての Horiuchi (1984)などから得

られた知見　*94*
4．日本のラグジュアリー・カーづくりについての提言　*96*
5．ラグジュアリー製品との出会い　*98*
6．課題：どうやってラグジュアリー・カーのイメージを確立するのか　*104*

7　グローバル化する鉄鋼価格
　　　　　　　　　　　　　　　　　　　　　　　安岡　孝司　*107*

1．NY原油って何？　*107*
2．先物市場の社会的な意義と問題　*109*
3．LMEの鉄鋼先物　*112*
4．国内の鉄鋼価格への影響と韓国市場の国際化　*116*
5．建設業における鋼材価格変動のリスク　*117*

8　デザイン・技術・経営のベストミックス
　　　"Concurrent Design"　　　　　　　　　　吉久保誠一　*121*

1．デザイン・技術・経営のベストミックス　*121*
2．今後のビジネスの方向性　*122*
3．経営とデザイン　*123*
4．"Concurrent Design" の変遷と現状　*127*
5．水周り設備機器の現状と空間への展開事例　*131*
6．今後のデザインの方向性　*137*

9　サービス・イノベーションの拡がりと IT活用の進化
　　　　　　　　　　　　　　　　　　　　　　　碓井　誠　*141*

1．サービス化の背景と核心　*141*
2．サービスの定義とその広がりと構造　*145*
3．サービスの広がりとIT活用の進化　*149*

10 インフラの海外展開とPPP

谷口 博昭　*153*

1. インフラの歴史　*153*
2. 整備計画と水準　*155*
3. これからの国土、社会　*158*
4. これからのインフラ　*161*
5. 海外展開　*164*
6. PPP(Public Private Partnership;官民連携)／PFI(Private Finance Initiative)　*165*

11 世界で勝つ技術立国日本の底力

町田　尚　*169*

1. グローバリゼーションが飲み込んだもの　*169*
2. 日本の物づくりを支えてきた産業から学ぶこと　*174*
3. これからの日本の産業は何か？　*185*
4. 日本の底力を可能にするものは　*191*

執筆者紹介

1 がんばろう日本経済

安岡 孝司

1．デフレの出口はどこに

　1998年と99年は日本マクドナルド社がハンバーガーを65円に値下げした年で、私も子供へのおみやげに65円バーガーを買ったことがあります。その年のある日、私の前に並んでいた OL 風の女性が65円バーガーを一個だけ、テイクアウトで買って帰りました。普段はおいしいランチを楽しんでいそうな女性がそのような買い物をするシーンは見慣れない光景でした。ある銀行員にその話をしたところ、「だからデフレは怖い」とため息混じりに彼が話したことを覚えています。そのデフレは1995年頃から始まったといわれ、17年後の2012年になってもいまだに出口が見えません。

　財務省の資料（2012年1月25日発表）によると、2011年の日本の貿易収支（輸出と輸入の差額）は約2兆5,000億円の赤字です。これは31年ぶりの事態で、原因は東日本大震災や円高などによる輸出の減少と燃料費の輸入増によると考えられています。しかし図1からわかるように貿易収支はこの数年低迷しています。震災などの一時的な要因以外に、何か構造的な問題があるのではないでしょうか。
　翌日の新聞各紙で貿易収支の赤字転落が大きく扱われた理由は、次に経常収支の赤字が懸念されるからです。経常収支とは貿易収支にサービス収支（海外旅行での支払い、特許権使用料など）、所得収支（企

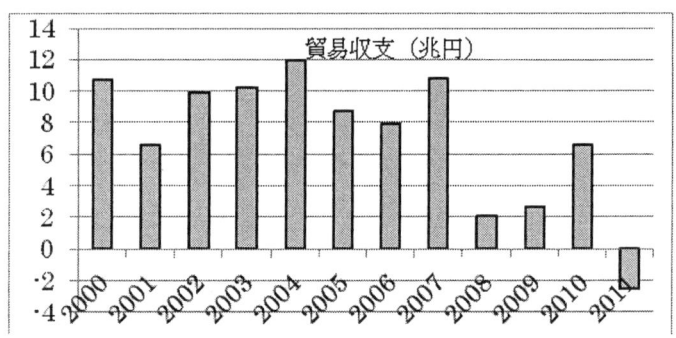

図1　日本の貿易収支の推移　データ元：財務省貿易統計

業の国際活動による収支など)、経常移転収支(開発途上国への援助など)の総額です。

経常収支＝貿易収支＋サービス収支＋所得収支＋経常移転収支

簡単にいうと、これは国に出入りするすべてのお金の差額なので、これが赤字だと国内の財産が減ることになります。国全体で考えると、国債を国内の資金だけで買い切れなくなるので、貿易収支の赤字転落は国の資金繰りが行き詰まる前兆と捉えられているのです。

たとえば、三菱東京 UFJ 銀行は2016年に経常赤字になる可能性があると推定し、国債の暴落に備えた危機管理計画を策定しています(2012/2/2朝日新聞)。その6日後の2月8日に発表された財務省資料によると、2011年の経常収支は前年対比43.9%減少しました。同日の日本経済新聞によると、財務省は「ただちに経常赤字になることはない」との見方をしています。

翌日2月8日の同朝刊は「2010年代は経常黒字を保つが、2018年に赤字化する可能性がある」という日本経済研究センターの見方と「燃料調達の高止まりと産業空洞化の加速で2014年度の経常赤字化」を予測するエコノミストの見方を記しています。

1 がんばろう日本経済

そして2012年1月の貿易収支は単月で1兆5,000億円の赤字でした（財務省2月20日発表）。昨年1年間で2兆5,000億円の貿易赤字ですが、その約6割の赤字額に年初の1ヵ月で達してしまったのです。

いろいろな考え方はありますが、経常収支の赤字と国債下落というリスクシナリオが想定の範囲内になっていることは確かです。

表1 2012年1月末から2月にかけての国際収支関連の主なニュース

1月25日	2011年の貿易収支が約2兆5,000億円赤字	財務省
2月2日	日本国債の急落を想定。三菱UFJ銀行が2016年に経常赤字化を予測	朝日新聞
2月8日	2011年の経常収支が前年対比43.9%減少	財務省
2月9日	2010年代は経常黒字を保つが18年に赤字化の可能性もあり：日本経済研究センター 2014年度に経常赤字化を予測：外証エコノミスト	日本経済新聞
2月12日	ファナック国内新工場。スマートフォン用工作機械を倍増	日本経済新聞
2月20日	1月の貿易収支が単月で約1兆5,000億円の赤字	財務省

国債とは国の借金のことです。例えば2010年度の国の予算は約92兆円ですが、税収などによる収入は48兆円しかありません。不足の44兆円を国債という借金で補うわけです。

税収不足が続く限り借金を重ねるほかないので、国債の残高は年々増え続け、国の債務残高（長期）は2011年時点で約700兆円に達しました。県や市などの借金（地方債務）を加えると、公的な借金（債務）の残高はGDPの約2倍になります。つまり公的な借金が国全体の所得（GDP）の2倍もあり、その所得の1割を返済にあてても全部返すのに20年かかる計算です。ところが返済どころか借金は毎年40兆円以上のハイペースで膨れ続けています。国債の信用力が危ぶまれているイタリアでも公的債務残高はGDPの約1.3倍なので、日本の債務残高がいかに大きいかがわかります。

日本国民全体の金融資産は2011年で約1,400兆円あります。これまでは、この資産が十分あるので国債は消化されると論じられてきましたが、経常収支の悪化によってその根拠がぐらついてきました。

　消費税を上げる議論が進められているとはいえ、その税率を10％に上げるくらいでは税収が足りないことはニュース番組や新聞などで報道されているとおりです。したがって、国債の増発は続き、その残高は増え続けます。

　経常赤字で資金が海外に流出すると国全体として金融資産が目減りし、国債の増発分を買う余力がなくなります。海外投資家に買ってもらうとなると、需給の緩みという足元をみられるだけでなく、国の信用力が厳しく問われることになり、さらに安く買い叩かれるかもしれません。その結果、国債の下落が始まりますが、これは長期金利の上昇を意味します。国債価格変動と金利の関係は数理的な説明が必要なので、詳しくは堀之内(2003)、安岡(2012)などを参照してください。

　これは景気の好調による金利の上昇ではなく、信用力の悪化による悪い金利上昇です。その影響で国だけでなく金融機関や一般企業も高い金利で資金調達をしなければならなくなるので、企業体力と競争力は低下するだけです。その結果税収がさらに減ると、国債の信用不安が表面化しギリシャへの道を転げ落ちていくことになりかねません。その頃は海外投資家も日本国債に大量に投資しているでしょうから、国際的な金融危機に発展することもありえます。

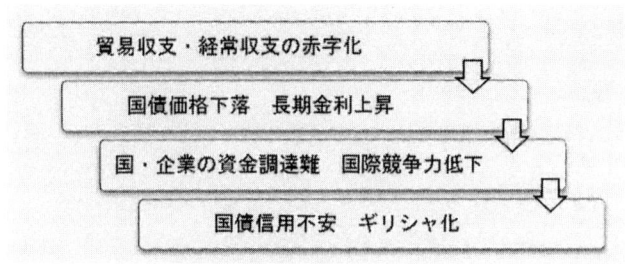

図2　貿易収支の赤字の先は？

2．デフレの2重らせん

　1990年代のバブル崩壊以降の国内経済はデフレが長引き、いまだに出口が見えません。長い不況の中でも、ユニクロのように急成長を遂げている例もありますが、最近のサクセスストーリーが低価格型のビジネスモデルに定形化している感があり、だんだん息苦しさを感じるようになってきました。そして中高級価格帯の市場はじわじわと低価格品市場に奪われています。銀座の中心部にユニクロや H&M ができたことがその表れです。

　企業はコストダウンのために生産拠点をアジアなどの新興国に移しています。そこで作った製品の一部は逆輸入によって国内で安く売られているので、国内物価は下がります。TV やデジカメ、パソコンなどの低価格化にみられるコストダウン型デフレはこの世に新興国が存在するかぎり終りません。

　企業は海外移転で生き残れても、雇用は新興国にシフトするので、国内の雇用と所得は確実に減っていきます。図3は1968年以降の国内失業率を年代別に表したものです。この図が示すように、15～34歳の若い世代の失業率は深刻なレベルに上がっています。工場が海外移転すると、ベテランの仕事は現地の指導・管理などの形で残ることはあっても、国内の若者には仕事が回ってきません。生産拠点の海外移転は次の世代の体温をじわじわと奪っていきます。

　その結果、国全体の所得と購買力が低下していくので、安いものしか売れません。空洞化によるデフレです。図4のようにコストダウンデフレと空洞化デフレの2重のらせん構造で国力が衰退していきます。

　また海外に工場を作ると建設資金なども国外に流失するので、これによっても経常収支が悪化します。海外の工場の利益の一部は国内本社に戻るので、所得収支（投資収益）にはプラスです。これからの日本は投資収益で稼げばよいという考えもあります。しかし一般的な企業なら、一人当たりの利益より人件費のほうが多いはずです。つまり

海外の工場から国内に返ってくる利益よりも、国内雇用の喪失による所得減のほうがはるかに大きいのです。投資収益だけをみていると雇用の喪失という大きな犠牲を見落とすことになります。

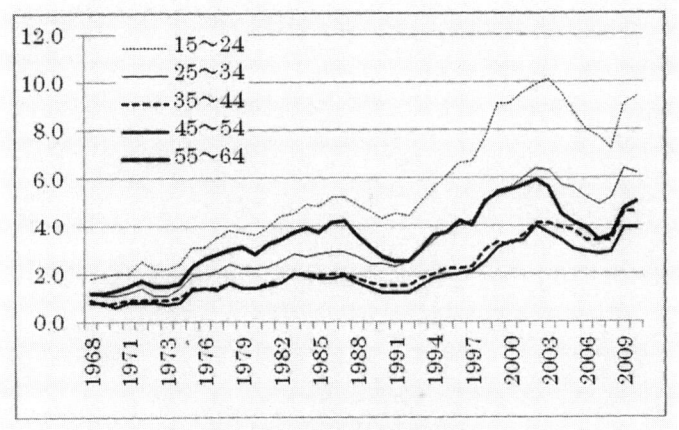

図3　年齢階級別完全失業率
データ元　総務省統計局労働力調査長期時系列データ

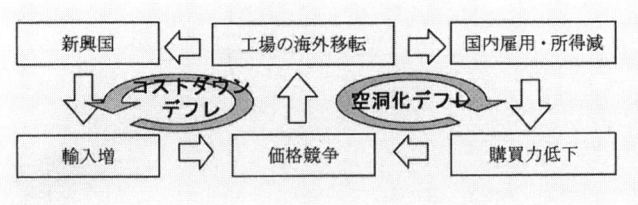

図4　デフレの2重らせん

3．再び立ち上がるために

国内経済が縮み政府予算が肥り続ける限り、税収は減り国債残高は膨れ上がっていきます。戦後の何十年かは企業と国は同じ夢をみて発

展してきましたが、最近はそうではありません。海外生産へのシフトは拡大し続けるばかりですが、国にとって何よりも必要なことは国内、とくに若者の雇用を増やすことだからです。もちろん東日本大震災と原発事故の被災者の雇用を確保することも同じベクトルの話です。

このような時代に、我々はどうすればよいのでしょうか。最近のニュースに、ファナックがスマホ用工作機械倍増のため新工場を茨城県に作るという記事（日経2011/2/12）がありました。詳しい背景や事情はよくわかりませんが、ファナック経営者の卓越したビジョンに拍手を送りたい気持ちです。しかしこれは誰もが真似できるものではありません。

新興国とのコスト競争に陥らないように、これまでの産業構造を変えるべきだという考え方があります。海外からの特許料収入（サービス収支）で稼ごうという話もあります。他にもいろんな方法があるかもしれません。まず、我々はもっと元気になりましょう。

ビジネスマンなら、誰もが次のビジネスチャンスを探しているはずです。その探し方には何かコツがあるかもしれません。また優れたアイデアが湧いても、それを育て上げるには戦略が必要です。その戦略はいままでの考え方でよいのでしょうか。なぜ日本製品はガラパゴス化していくのでしょうか。最近ではハイブリッド車までガラパゴス化が懸念されています。

これらは簡単な問題ではありませんが、何かを変えないと今までの失敗を繰り返すことになります。そのような問題意識の下で第2章以降では、今何が起きているのかを広く見渡し、新しいビジネスを育てる方法や戦略などについて紹介していきます。

【参考文献】
堀之内朗（2003）『債券取引の知識（第2版）』日本経済新聞出版
安岡孝司（2012）『債券投資のリスクとデリバティブ』大学教育出版

2　グローバル化と日本企業

稲村　雄大

　2007年8月、シャープやソニー、そして韓国の Samsung や LG が激しい競争を繰り広げている北米の薄型テレビ市場で、米国のベンチャー企業 Vizio 社がトップシェアを獲得しました。同社が自社ブランドの低価格薄型テレビを市場に投入したのは、それからわずか2年前に過ぎません。Vizio 社の製品と日本のメーカーの製品とを比べてみると、コントラスト比や視野角といったスペックは当然ながら日本のメーカーの方が勝っており、さらに日本のメーカーの製品には、ネットワーク接続やハードディスク内蔵といった「高付加価値」技術が搭載されています。それでも、当時の北米市場において国内メーカーではトップのシャープの市場シェアは、Vizio 社の2/3にとどまっており、その後も日本のメーカーのシェアは残念ながら低下し続けています[*1]。

　Vizio 社はその後、韓国の Samsung や日本のソニーが大幅に価格を下げて対抗してきたことや、船井電機との特許訴訟の問題などもあって一時期の勢いを失っていますが、依然として価格では負けていません。そしてソニーのテレビ事業における多額の赤字が物語っているように、Vizio 社の登場によって、とりわけ日本のメーカーは価格競争に巻き込まれてテレビ事業における収益力を失ってしまったと言えるでしょう。

　では、なぜ製品のスペックで劣る Vizio 社の製品が、北米市場においてここまで急激にシェアを伸ばし、存在感を増すことができたので

しょうか。そして日本のメーカーはなぜ存在感を失ってしまったのでしょうか。さまざまな要因がありそうですが、それらを具体的に考えていくと、その背景には「グローバル化」という大きな、そして非常に重要な要因が見えてきます。

　この章では、Vizio 社の例も参考にしながら、「グローバル化」とは何か、それがビジネスにどのような影響を及ぼすのか、その中で日本企業はどうすべきか、といったことを考えていきます。

1. グローバル化とは

「グローバル化とは何でしょうか。簡単に定義してみてください」

　大学の講義で学生にこう投げかけると、ほとんどの学生が「ウーン……」と考え込んでしまいます。それはおそらく、より日常的にグローバル化という言葉に触れている社会人学生であっても同じです。多くのメディアでグローバル化という言葉が頻繁に使われ、おそらく会社でもグローバル化への対応といった言葉が大々的に掲げられ、また個人でも気軽にグローバル化という言葉を使っているかもしれません。それほどグローバル化という言葉、そしてその現象が一般的になってきたということだと思いますが、そもそもそれが何なのか、そして何にどんな影響を及ぼすものなのかといったことについて、まずは改めて整理しておく必要があるのではないでしょうか。

　「グローバル化」という言葉はさまざまに定義されていますが、それらの多くに共通しているのは、「世界経済がより統合され、相互に依存したものに移行していく」ということです。そしてそのような大きな動きには、2つの側面が含まれています。それが「市場のグローバル化」と「生産のグローバル化」です。

　市場のグローバル化とは、これまで独立した別々の国の市場であったものが、ひとつの巨大なグローバル市場に統合されていくことを意

味します。つまり、日本市場、中国市場、北米市場といった個々の市場が、ひとつの大きなグローバル市場へと統合されていくということです。多くの企業が国境を越えて商品／製品を販売するようになり、また、さまざまな国における顧客の嗜好（好み）が何らかのグローバル基準に収束していきます。もちろん、個々の国の市場において重要な違いが依然として存在するのも確かですが、とりわけ企業間で取引されるような商品／製品（産業財や原材料）については、世界中の顧客がほぼ同じニーズを持つという状況が増えていると言えるでしょう。

　また生産のグローバル化とは、さまざまな生産要素（労働力、エネルギー、土地、資本等）が国内だけでなく世界中から調達されて製品が作られるようになることを意味しています。国によって生産要素のコストや質が異なるため、企業はそれを利用して、自社製品のコスト構造や品質を改善することが可能になります。実際、企業は狭い意味での生産活動に限らず、カスタマーサービスも含めたバリューチェーン上のさまざまな活動を海外の企業にアウトソースしています。たとえば前述の Vizio 社は、基本的に自社で設計や製造を行わず、それらを台湾等の EMS（Electronics Manufacturing Service）と呼ばれる企業に委託しています。一般的に EMS 企業は電子機器の受託生産を行っていますが、Vizio 社の場合、それらの EMS 企業は設計・製造だけでなく品質保証や検品等についても請け負っています。

　では、このような市場のグローバル化、および生産のグローバル化は、何にどのような影響を及ぼし、誰にどのような機会や脅威を与えるのでしょうか。

2．グローバル化の影響

「グローバル化は、経済や企業、そしてそこで働く人々にどのような影響を及ぼすのでしょうか」

われわれ個人の生活はグローバル化が進むにつれて、大きく変わってきました。市場のグローバル化が進むことで、さまざまな国から商品やサービスを簡単に購入できるようになり、それにともなってわれわれの嗜好も少しずつ変化してきました。また、さまざまな国の企業が日本に進出することで、日本人が外資系企業で働くというケースも増えてきました。さらに、日本の企業が海外に進出することで、その進出先の現地法人等で働く機会もどんどん増えています。もちろん、海外で日本企業以外の現地企業や外資系企業で働くということもあるでしょう。では、市場や生産のグローバル化は、とりわけ経済や企業の活動、そしてそこで働く人々に対して、どのような影響を及ぼすのでしょうか。

　市場や生産のグローバル化が企業に及ぼす影響は、ポジティブなものとネガティブなものの両方が考えられます。ポジティブなものとしては、企業はグローバル市場を通じて、世界中の原材料や部品、製造機能、低コストの労働力、高度な技術者といった資源を調達することが可能になるということが挙げられます。それによって製品やサービスのコストを削減したり、製品やサービスをより高品質なものにしたりすることで、企業は競争力を高めることができるかもしれません。また、国内の市場だけでなく他の国の市場でも積極的に製品やサービスを提供することで、新たな市場から収益を獲得する機会を得られるとも考えられます。

　しかし一方で、国内に魅力的な市場、つまり収益を得られる市場があれば、そこに他の国の企業が参入してくる可能性も高まります。そうなると当然ながら競争は激しくなり、たとえばより労働コストが低い国の企業によって作られた低価格の製品や、より高度な知識や技術が蓄積されている国の企業によって作られた品質の高い製品と競争しなくてはならなくなります。そのような競争は、製品の改良やイノベーションを促すという意味では経済にポジティブな影響を与えますが、国内の市場で高い収益を得てきた個々の企業の目には、やはり脅威と

2 グローバル化と日本企業

して映るでしょう。

　また、グローバル化が進むと、企業の活動のパターンも変わってくると思われます。たとえば、これまでの伝統的な議論では、企業の海外進出のプロセスは次のようなステップを踏むものだと考えられてきました。

①国内で新製品を開発し、国内の市場に投入し、国内で大量生産を行う。
②国内の市場が成熟したら他の国への輸出を始める。
③輸出先の市場で受け入れられ市場が拡大すると同時に、現地での競争が激化する。
④企業はコストを節約し競争力を維持するために、生産活動を現地へ移転する。
⑤さらに現地市場が成熟すると、そこで生産された製品が他の国へ輸出され始める。

　このような企業の海外進出のプロセスは、市場および生産のグローバル化が進むにつれて、今では大きく変わっているように思われます。企業の製品開発は国内だけでなく世界中で行われていますし、最初からグローバル市場をターゲットにする企業や製品も増えています。また、開発された多くの新製品が最初から低コストの労働力を抱える国で生産され、そこから世界中に輸出されています。

　もちろん、すべての企業がグローバル市場をターゲットにしなければならないわけではありません。しかし、製品の開発、原材料や部品の調達、製品の生産、販売、アフターサービスといった活動のすべてをひとつの国内で完結させることは、多くの企業にとって、不可能もしくは非効率になっているのではないでしょうか。そしてそのような企業活動の一部を他の国で行う、もしくは他の国の企業に委託するという流れは、どんどん進んでいくと考えられます。

そこでとりわけ先進国において問題となってくるのが、産業の空洞化というものです。たとえば企業が工場を国内からより賃金の低い国へ移転し、国内で行われていた生産活動の多くが低コストの労働力を抱える国に移ってしまうと、国内の雇用がその分だけ失われることになります。もちろん、たとえば研究開発やデザインといった企業活動については、少なくともしばらくは先進国の国内にとどまるかもしれません。しかし、それらの活動だけで国内の雇用を十分に確保することは必ずしも簡単ではありません。

　たとえば、前述の Vizio 社は2007年時点で20億ドルもの売上高となっていますが、その従業員数はわずか90名に過ぎません。さらに、それらの従業員の大半はコールセンター勤務とのことです。つまり、生産のグローバル化を積極的に活用して成功した Vizio 社が、その本拠地である米国内において大量の良質な雇用をもたらしたとは、必ずしも言えないのではないでしょうか。実際に2003年に発表されたマッキンゼーによる調査では、米国において、輸入品との低価格競争や企業活動の海外へのアウトソーシング（オフショアリング）が原因で職を失った人の31%が依然として職を失ったままだという結果が示されています。また、再就職できた人の55%は前職の85%以下の賃金しか受け取ることができていません*2。

　このように、グローバル化による産業の空洞化は、経済、そして職を失う可能性のある人々に対して、非常に重大な負の影響を及ぼすと考えられます。日本ではそれほどでもありませんが、他の国においてはアンチグローバリゼーションの活動が、労働者層を中心に活発に行われています。とりわけ、グローバル化を推進する代表的な機関である WTO（World Trade Organization：世界貿易機関）が閣僚会議を開催する際などには、多くの場合、開催地において大規模なデモ活動が行われています。

　しかし一方で、グローバル化は産業の空洞化等を通じて一時的に先進国の経済や雇用にダメージを与えるものの、長期的に見ればポジテ

ィブな影響を与えるものだという意見もあります。そこでは、市場および生産のグローバル化を積極的に活用して企業の生産性と収益性が向上する上に、先進国の企業は労働集約的な活動を新興国に任せることで、より高付加価値な活動および事業に取り組むことができるようになるということが主張されています。またその結果として産業構造が変化することで、たとえ一時的に先進国において雇用が減少したとしても、最終的にはそれ以上の良質な雇用が創出されると考えられています。

たとえば、メリーランド大学が2011年に発表した調査結果では、ソーシャルネットワーキングサービス（SNS）として世界中に急速に普及している Facebook は、そのサービス上で使われるアプリケーションを開発する業界や他の関連する業界において、米国内で18万2,000人〜23万5,000人の新しい雇用を創出し、その給与と諸手当を合わせて米国経済に 121億9,000万ドル〜157億1,000万ドルの貢献をしたと推定されています*3。これらの数字はあくまでも推定ですが、新たな産業が創出されることで産業構造が変化し、新たな雇用が創出されたことを示すひとつの例だと言えるでしょう。

また同様に、iPod や iPhone、iPad といった製品、そして iTunes を通じたマルチメディアコンテンツの販売等で、コンピュータ企業からメディア企業へと事業構造を大きく変化させた Apple 社も、自社のホームページ上で、米国内で多くの雇用を創出したということをアピールしています。Apple 社については、中国等の労働コストの安い新興国において製品のほとんどを製造していることから、米国内の雇用には貢献していないと批判されていましたが、同社によると、(iPad を設計するエンジニアからそれを消費者に届ける配達員まで含めて) 米国内で50万人以上の雇用を創出したということです。

もちろん、Facebook 社や Apple 社のようなケースはおそらく理想的ではあるものの、現実的には非常に稀なケースかもしれません。しかし少なくとも米国においては、Facebook 社や Google 社等に代表

Apple社のホームページ
http://www.apple.com/about/job-creation/

されるような新たな産業におけるプレイヤーが登場しており、またApple 社も一企業としてコンピュータ企業からメディア企業へと事業構造を大きく変化させて、新たなビジネス、新たな産業、そして新たな雇用を創出しています。

　日本においては産業の空洞化をいかに防ぐかということが盛んに議論されていますが、グローバル市場で競争する企業にとって、生産のグローバル化は最低限必要な条件となりつつあります。したがって、産業の空洞化を防ぎ、既存の雇用を守るだけでなく、(米国のようにIT 産業が良いかどうかは別として) 新しい産業の創出と産業構造の転換、そして新たな雇用の創出を国全体として進めなければならないと考えられます。

　いずれにしても、グローバル化は経済や企業、そして個人にさまざまな変化をもたらします。そしてそれがたとえ世界経済を活性化させ、全体的に見て良いものであったとしても、当然ながらそれがすべての

国や地域の経済、企業、もしくは個人にとってポジティブな結果をもたらすとは限りません。その変化がポジティブなものになるかネガティブなものになるかは、それぞれの国の経済、企業、そして個人が、環境の変化にどのように対応するか、すなわち戦略の良し悪しにかかっていると言えるのではないでしょうか。

　では、とりわけ日本企業にとって、グローバル化は企業の活動や戦略にどのような影響を及ぼすのでしょうか、そしてそれにどう対処すべきなのでしょうか。

3．市場のグローバル化と日本企業

　まず市場のグローバル化についてですが、前述のように市場のグローバル化が進むと、企業は国内の市場だけでなく他の国の市場でも積極的に製品やサービスを提供することで、新たな市場から収益を獲得する機会を得られると考えられます。しかしこのようなメリットは、当然ながら日本企業のみが得られるものではありません。さらに、市場のグローバル化によって顧客のニーズがグローバル基準に収束していくとなると、日本独自のニーズを満たすことによって利益を得てきたような企業は、苦しい状況に立たされる可能性もあります。そのような状況の中で、日本企業は日本国内の他の企業だけでなく、世界中の企業との競争で生き残っていかなければならなくなっています。

　たとえば日本のパソコン市場は1990年頃まで、日本語の入力および表示の必要性という特殊事情から、NEC の PC-9800 シリーズが中心となって、他の国とは異なる独自の市場を形成していました。しかし、1990年代に入ると DOS/V やウインドウズという新しいソフトウェア技術によって参入障壁が崩れ、外国の企業が一気に日本市場に参入してグローバル基準での競争が始まりました。その結果、国内のパソコン市場における NEC のシェアは大きく低下し、その一方で国際標準にいち早く対応した富士通がシェアを大きく伸ばしました（表1）。

表1　国内パソコン市場のシェア推移（1988年〜1999年）

企業	1988	1991	1992	1993	1994	1995	1996	1997	1998	1999
NEC	51%	52%	52%	49%	43%	40%	33%	30%	27%	22%
富士通	14%	8%	8%	7%	9%	18%	22%	27%	23%	21%
東芝	10%	9%	6%	6%	4%	4%	6%	9%	7%	7%
セイコーエプソン	10%	9%	7%	6%	5%	3%	n.a.	n.a.	n.a.	n.a.
IBM	7%	7%	8%	7%	10%	10%	11%	11%	10%	10%
アップル	n.a.	6%	9%	13%	15%	14%	10%	5%	5%	6%
コンパック	n.a.	n.a.	n.a.	2%	4%	3%	3%	3%	4%	4%
その他	8%	9%	10%	12%	10%	10%	10%	15%	24%	30%

出典：1996年までの数字はDedrick and Kraemer（1998）を参照し、1997年以降の数字は筆者がIDCジャパンの各年調査を基に追加した。1996年までの数字もIDCジャパンの調査に基づいたものである。

　また最近の例では、スマートフォンが世界中に普及する中で、NTTドコモをはじめとする通信キャリアとの密接な関係によってその地位を守られてきた国内の携帯電話メーカーが、国内市場においても苦戦を強いられています。以前はその密接な関係によって開発された独自仕様の携帯電話端末やビジネス慣行が参入障壁となっていましたが、国内市場でもスマートフォンが主流となった現在では、米Apple社のiPhoneや韓国Samsung社のAndroid端末が存在感を増しています。このように、市場のグローバル化は国内の特殊な市場で守られながら高い収益を獲得してきた企業を、強制的にグローバルな競争に巻き込み、その地位や収益を奪ってしまう可能性があります。

4．生産のグローバル化と日本企業

　次に生産のグローバル化についてですが、これまで説明してきたように、生産のグローバル化は国際分業を促進します。さまざまな国の企業が、それぞれの得意な分野の仕事を行い、それらが協力しあって生産活動が行われます。それによって企業は、Vizio社の事例にあったように製品のコストを低下させる、もしくは製品の品質を高めることが可能となります。

2 グローバル化と日本企業

　このような国際分業を進めるということは、当然ながら、地理的にも文化的にも、言語的にも離れた国で生産要素を調達するということを意味します。そのような様々な点で異なる相手との取引においては、阿吽(あうん)の呼吸で理解してもらう、なんとなくわかってもらう、というわけにはいきません。したがって多くの場合、まず製品の仕様をきっちりと定義した上で、標準化されたルールに基づいて作られた部品、もしくは複数の部品で構成されたモジュールを調達し、それらを組み合わせて製品を完成させるということになります。それを行わない場合、地理的にも文化的にも、言語的にも離れた取引相手と、問題が起こるたびに時間およびコストをかけて細かい調整を行わなければならず、それでは生産をグローバル化したメリットがなくなってしまいます。

　では、このような標準化とモジュール化の流れは、日本企業にとってどのような意味を持つのでしょうか。これについて考えるためには、「製品アーキテクチャ」の基本的な考え方を整理しておく必要があります。製品アーキテクチャとは製品の設計思想を表す言葉で、製品を構成する部品等の要素間の関係と、その接点であるインターフェイスのあり方を意味します。その製品アーキテクチャには大きく分けて「インテグラル型」と「モジュール型」の2つのタイプがあり、それぞれ「擦り合わせ型」と「組み合わせ型」と表現されることもあります。

　インテグラル型のアーキテクチャは、日本料理を思い浮かべるとわかりやすいかもしれません。日本料理は、お菓子も含めて繊細で、いろんなこだわりのある食材が複雑に組み合わさって、それぞれの味が絶妙に調整されて、見た目も丁寧に作られています。そして何より、料理を作る人の腕によって大きく味が異なってきます。

　製品(料理)を構成する各部品(食材)が、その製品(料理)のために製造もしくは加工されて、他の部品(食材)と絶妙なハーモニーを奏でるように細かく調整される。このような製品の構造を、インテグラル型のアーキテクチャと言います。製品をこのような構造によっ

て作ろうとする場合、作るのに複雑な調整が必要ですから当然手間がかかりますが、それだけ完成度を高くすることが可能になります。企業内および企業間の密接な関係に基づく調整、すなわち「擦り合わせ」によって作られる日本製の自動車も、インテグラル型アーキテクチャを有する製品の代表的な例としてよく挙げられています。

　それに対してモジュール型のアーキテクチャについては、アメリカ料理（？）を思い浮かべてみてください。最も代表的な例としてハンバーガーを挙げるとすれば、その構造はいたってシンプルです。ミンチした肉をこねて焼いて、レタスをちぎって、トマトをスライスして、半分に切ったバンズ（パン）の間にケチャップと一緒に挟みます。ほとんど調整の必要はありませんし、肉とレタスとトマトの順番が違ったところで、味に大きな差はありません。それぞれの食材はハンバーガーのためだけに作られているわけではなく、他の食材に合わせて細かく加工する必要もありません。ということは、適当にその辺のスーパーから買ってきたものを組み合わせれば、誰でもそれなりの味に仕上げることができます（あえて極端に表現しています）。

　製品がこのような構造となっている場合、市場から規格が統一されたパーツ（食材）を安く調達できる上に、作る手間（時間）もかからないため、早く安く製品を提供することが可能となります。ただそのように作った場合、当然ながらその製品の完成度や性能は最高のものにはなりません。このような製品の構造をモジュール型のアーキテクチャと言いますが、より一般的にはハンバーガーではなくパソコンなどがその代表的な例として挙げられます。パソコンを構成する部品はすべて標準化されており、規格に合った部品を秋葉原で買ってくれば、あとは自宅でそれらを組み合わせるだけで、簡単に十分な性能のパソコンを作ることができてしまいます。

　話を戻して、国際分業が進むことにともなう標準化とモジュール化の流れは、日本企業にとってどのような意味を持つのでしょうか。前述のように、標準化されたモジュール型の製品は、極端に言うと、誰

でも一定の品質のものを早く安く作ることができます。つまり、国際分業によって製品の標準化やモジュール化が進むと、特別なノウハウを持たない企業でも一定の品質の製品を低価格で提供できるようになります。

Vizio社などはまさにその例と言えるでしょう。前述のようにVizio社の液晶テレビについては、その設計、製造、さらには品質保証や検品までもが、台湾のEMS企業によって行われます。それらのEMS企業は日本や米国のメーカーの液晶モニターの製造を委託されており、液晶パネルを大量かつ安価に調達することができます。また、Vizio社は薄型テレビの画質を大きく左右するシステムLSIについても、安さと性能に定評がある台湾メーカー製の汎用品を使用し、低価格と高品質を両立しています。

もちろん、そのように作られたモジュール型の薄型テレビは、日本のメーカーが複雑な調整を重ねながら作り上げたインテグラル型の薄型テレビに品質や性能の面で劣ります。実際に日本のメーカーの多くは高性能なシステムLSIを自社開発し、また独自の工夫や調整をしながらコンストラスト比や視野角等のスペックを限界まで向上させることで、非常に高い画質を実現しています。さらに、ネットワーク対応やハードディスクの内蔵といった最新の機能も搭載しています。

一般的に日本企業はこのようなインテグラル型の「ものづくり」を得意としていると言われ、それによって品質や信頼性の高い製品を作ることで地位を確立してきました。しかし、薄型テレビの例からも明らかなように、そのやり方ではモジュール型の製品との価格競争においてどうしても不利な立場に立たされます。それでも、価格競争をせずに品質で勝負して勝てる、つまり「良いものを作れば売れる」という状況なら良いのですが、残念ながら常にそうとは限りません。

では、日本企業にとっておそらく有利な「良いものを作れば売れる」という状況とは、どのような状況でしょうか。つまり、インテグラル型の製品が有利となるのはどのような場合でしょうか。また反対

に、どのような状況においてモジュール型の製品が有利となるのでしょうか。これらについて考えることで、日本企業が今後どのような戦略で競争すべきか、という問題に答えるためのヒントを得られるかもしれません。

5．不十分な市場と十分な市場

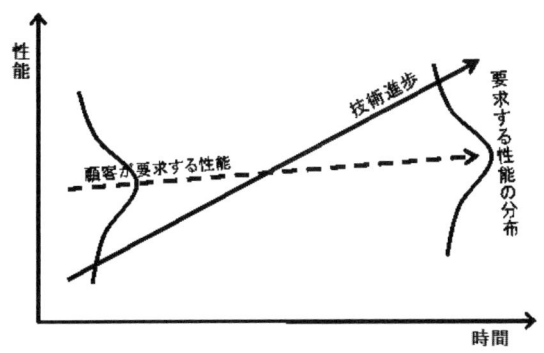

図2　技術進歩と顧客が要求する性能との関係

　図2は、横軸に時間、縦軸に製品の性能を取り、製品の技術進歩と顧客が要求する性能との関係の変化を示したものです。左下から右上へ伸びる実線の矢印は、製品が誕生してから時間が経つにつれて技術が進歩し、性能が向上していく様子を表しています。また破線の矢印は市場における平均的な顧客が要求する性能の水準を表しており、その線の上にある山は顧客の要求の分布を表しています。顧客の要求は平均的には破線の辺りにあるものの、それを中心としてさまざまな要求水準を持つ顧客が分布しています。

　まず新しい製品が生まれた時点では、多くの場合、その性能は多くの顧客が要求する水準には達していません。もちろん、一部の顧客（分布の山の下端）はそれでも満足してくれますが、ほとんどの顧客が製品の性能を不十分だと感じています。しかしその後、製品が改良

され、新たな参入企業との競争を通じて性能が向上してくると、徐々に顧客の要求する水準の性能に近づいていき、そしていずれ平均的な顧客の要求を満たす点（実線と破線が交差する点）に到達することになります。ここまでの段階の市場を「不十分な市場」としましょう。

この不十分な市場においては、顧客の多くが現状の製品の性能に満足していないため、より性能の高い新製品が発売されると喜んで購入してくれます。つまり、製品の性能が向上しているのであれば、高い価格でも受け入れてくれるということです。したがって、より良い製品を提供できる企業が、より多くの売上や利益を得ることが可能となります。しかし、標準的な部品を市場から購入してきて単に組み合わせるだけでは、他社よりも良い製品を作ることはできません。部品等の構成要素を自ら開発し、それらを細かく調整して擦り合わせながら、独自の仕様で製品を作ることではじめて、最高の性能を達成できるのです。つまり不十分な市場においては、インテグラル型の製品、そしてそれを実現することのできる企業が優位に立つことができます。

しかし、製品の性能が平均的な顧客の要求を満たす点に到達した後は、状況が異なってきます。不十分な市場で優位に立った企業の多くは、複雑な調整を行ってインテグラル型の製品を作るための体制を確立し、そのための知識を蓄積しているため、そのまま製品の改良を続けて性能を向上させていきます。一方で顧客の大部分は既に要求を満たされており、既存の製品で十分だと考えるようになります。もちろん依然として製品の性能に不満を持つ顧客（分布の山の上端）も存在しますが、その割合はどんどん小さくなっていき、多くの顧客にとって最新の製品は必要以上に品質や性能が良く、多機能過ぎて使いこなせないものとなってしまいます。この段階を「十分な市場」と表現しましょう。

この十分な市場においては、不十分な市場とは対照的に、顧客の多くは製品の性能に満足しているため、より高い性能の新製品が発売されたとしても、それを必ずしも喜んで購入してくれません。つまり、

性能の向上に対して高い価値を見出さず、追加的な金銭的負担を支払おうとはしません。この段階で多くの顧客が重視するのは、最高の性能ではなく十分な性能の製品を手頃な値段で必要な時に入手できることです。つまり、より高性能・高品質の製品を作ることができる企業よりも、Vizio 社のように一定の性能の製品をより安く早く作ることのできる企業の方が優位に立つことができます。そのためには、標準化された部品やモジュールを市場から安く入手し、それを素早く組み立てることで、モジュール型の製品を提供することが重要となります。

　国内の薄型テレビ市場を見ても、この市場が既に十分な市場になっていることがわかります。たとえば2012年春の大手家電量販店における薄型テレビの店頭価格では、以下の写真にあるようにパナソニック製の42型で 3D 機能を搭載したプラズマテレビが、なんと５万円台（インターネット回線との抱き合わせ販売だと２万円台）で売られています。他社の40型クラスの薄型テレビでも、在庫処分品として５万円を切る価格で売られることも珍しくありません。さらに、普及機種における 3D 機能を搭載したテレビと搭載していないテレビの価格差がわずか5,000円～6,000円となっています。日本のメーカーが新たな付加価値として期待し、差別化のカギとして必死に開発してきた 3D 機能が、顧客にとってはわずか5,000円～6,000円の価値しかないというのは、悲しいとしか言いようがありません。価格以外で差別化できなくなることを「コモディティ化」と言いますが、まさに薄型テレビはコモディティ化してしまったようです。

　グローバル化が進むと、グローバル市場においてグローバル規模で企業間の競争が行われ、それにともなって技術進歩のスピードも上昇すると予想できます。また、国際分業を効率的に行うために製品の標準化やモジュール化が進むと、新たな企業が安く十分な品質のモジュール型の製品を提供できる可能性が高まります。つまり、グローバル化が進むと多くの製品および市場において、「良いものを作れば売れる」という不十分な市場が、「良いものを作っても売れない」という

2　グローバル化と日本企業

家電量販店テレビ売り場　42型の3Dプラズマテレビが5万円台

十分な市場へと急速に変化していくと考えられます。そしてそれは、薄型テレビに限らず、もう既に多くの製品および市場において起こっているのではないでしょうか。

6．日本企業の戦略

「このような状況で、日本企業にはどのような戦略が必要でしょうか」

　グローバル化が進み、多くの製品および市場が十分な市場へと変化していく中で、インテグラル型の製品を強みとしてきた日本の製造業は、薄型テレビ市場にも見られるように非常に苦しい状況に立たされています。とりわけデジタル機器のような、電気・電子部品を買ってきて組み立てられるというモジュール型の製品においては、わざわざ擦り合わせで独自仕様のものを作るようなやり方では、コストやスピードの面でどうしても不利となります。
　では、今後さらにグローバル化が進んでいく中で、日本企業はどうすれば良いのでしょうか。この難しい問いに対する答えは、本章に続く各章を参考にしながら、是非それぞれの読者の方々がさまざまな視

点から考えてもらえればと思います。以下ではひとつの視点として、図2を眺めると見えてくるいくつかの戦略の選択肢を挙げておきます。それぞれの戦略について、先入観を持たずに、日本企業にとってのメリットやデメリット、そしてその戦略が成立する条件、成立させるための条件をじっくり考えて、議論してみてください。

戦略（1）：十分な市場の主要な顧客に対して標準的な製品を安く早く提供する

戦略（2）：十分な市場における一部の要求の高い顧客に対して高品質な製品を提供する

戦略（3）：不十分な市場の主要な顧客に対して他社よりも高品質な製品を提供する

戦略（4）：不十分な市場の一部の要求の低い顧客に対して低品質でも低価格の製品を提供する

*1 日経エレクトロニクス（2007年10月8日）p89-94.
*2 McKinsey Global Institute (2003) "Offshoring: Is It a Win-Win Game?".
*3 Robert H. Smith School of Business (2011) "The Facebook App Economy".

【参考文献】
クレイトン・クリステンセン、マイケル・レイナー（2003）『イノベーションへの解』玉田俊平太監修、櫻井裕子訳、翔泳社
カジ・グリジニック、コンラッド・ウインクラー、ジェフリー・ロスフェダー（2009）『グローバル製造業の未来』ブーズ・アンド・カンパニー訳、日本経済新聞出版社
Dedrick, J. and Kraemer, K. L.(1998) Asia's Computer Challenge: Threat or Opportunity for the United States and the World?, Oxford University Press, New York.

3 バリュー・ネット時代をどう生き抜くか？

平野　真

1．オセロゲームのような時代

　「現代のビジネスは、まるでオセロゲームのようなものになっている」というのは、ある大手家電メーカーの社長の言葉でした。
　オセロゲームとは、ご存じのように、白が俄然勝っているという形勢のなかで、思わぬ方位からの攻撃により、単なる一部陣地の喪失にとどまらず、白黒反転が起こり、形勢が黒の優勢へとドラスチックに変化してしまい、一種のパラダイム変化が生じるゲームのことです。たとえば、ある会社がプラズマTVの開発で優位にたっており、プラズマTVのシェアを独占しているかに見えたところ、液晶TVの技術進捗があり、新たに液晶TVの開発に力を入れようとしても、すでにプラズマTVの開発や工場などの設備投資に資金を振り向けてしまったため、過去の遺産がむしろ足枷(あしかせ)となって形勢不利に転じてしまう、といったような現象と考えることができるでしょう。
　このようなパラダイム変化が突然起こるような世界の様子を、かつて位相幾何学や多変量解析といった数学の世界では、カタストロフィーと呼んでいたと思うのですが、ビジネスにおける連続と非連続の問題は、最近の経営者の方々がよく口にすることのように思います。有名なクリステンセンの指摘した、優良企業の犯す誤りも、これとやや似た部分があるのではないでしょうか。
　「何が起こるかわからない」「業界のパラダイムが変わってしまう」

というビジネスの典型例として、よく iPod の登場が引き合いに出されます。これはもう、ソニーのウォークマンの性能を良くした、という直線的な変化ではなく、まったく新しい発想の商品だったからです。現代の画期的な商品は、単純な価値の連鎖（バリューチェーン）の枠組みではなく、様々な異業種の業界の技術やビジネスが結合して生み出されるという特徴があるように思います。iPod の場合では、ハードディスク技術の急速な進展で小型の機器で多くの情報をストアーできるようになること、インターネットの普及とネット上から音楽をダウンロードできるソフトの実現、音楽コンテンツ会社と著作権料の問題を解決してインターネット上で音楽配信をするサービス事業を立ち上げること、通信そのものが音楽配信を容易にする高速大容量伝送のインフラとして立ち上がること、このビジネスに適したコンピュータの普及等々、こうした様々な業種業態の技術とビジネスが組み合わさることで、従来なかったまったく新たな事業や商品が創出されていく時代となったといえるでしょう。

　こうした従来にない流動化の時代、パラダイム変化の時代には、いわゆる「プロダクト・アウト」、「シーズ志向」、「ものづくりへの思い入れ」といった言葉だけでなく、「マーケット・プル」、「ニーズ志向」、「顧客第一主義」といった言葉ですら、どこやら色あせたものに感じるのではないでしょうか？　オセロゲームのような現代を生きのびる、新しい智恵と工夫を私たちは求められているのだと思います。

2．変化の兆し

　こうしたビジネスや市場の従来にない流動化や変化の兆しが意識され始めたのは、いつのころだったでしょうか？

　私自身の貧しい人生を振り返ってみると、まずひとつの衝撃を受けたエポックは、インターネットの出現であったように記憶します。

　当時、NTT（日本電信電話株式会社）の研究員であった私にとっ

て、通信技術の基本的なイメージは、多くの家庭からの電線が電話局に集まって束ねられ、小さな町から都市へ、そして国単位へと規模を増して束ねられていく、いわゆる基幹系通信網という集中管理型の情報伝達のイメージでした（図1(a)）。これはちょうど、高度に発達した生物である人間の神経網が、指から腕、腕から胴体そして脳へと束ねられていく、脳を中枢とする集中管理型に形成されていることになぞらえることができます。

それがインターネットの出現によってすっかり書き換えられてしまったのです。もともと核攻撃による電磁波異常によって引き起こされる通信系の打撃を回避するために米国が軍事目的で開発したといわれるインターネットが、新たな民生通信網の手法として1990年代に一般市場に登場してきたのでした。このインターネット通信は、いわゆる自律分散方式といわれ、アメーバ状に分布したどの通信回線が破壊されても、別の経路をつたって信号が伝えられ、原生動物のように活動を維持できるものでした（図1(b)）。

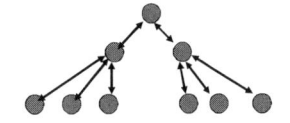

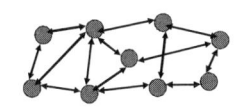

(a) 集中管理型基幹系通信網　　(b)インターネット(自律分散型)通信網

図1　集中管理型基幹通信網

集中管理方式が脳を中枢として高度に発達した人間の神経系に近いものとするなら、自律分散方式は一見未発達な原生動物の神経系のイメージがあります。しかし一見未成熟な自律分散方式では、各拠点がそれなりに高度な自律性を有することによって、全体としては非常に柔軟で適応性に富む構造となってくるのです。むしろ自律分散方式の通信は、誰のコントロールも介さずに瞬く間にローカルな情報を全世界に配信できる迅速性にも富んでいます。最近のクラウド・コンピュ

ータといったものへの発展も考えれば、インターネットの登場は、いままでとは質的に異なる高度な情報伝達・情報処理への発展をももたらし、通信技術というもののイメージが、大きく激変した瞬間でした。

しかし、こうした情報通信技術の変革が、人間社会の在り方や、企業における組織の在り方まで、あるいは人間の価値観や対人関係の持ち方までをも変える原動力になろうとは、当時一介の技術者にすぎなかった私には知る由もありませんでした。

私が、こうした人間や組織に関わる社会科学的な世界の変化を知ったのは、その後50歳代になって、社会人学生として早稲田大学の大学院博士課程で経営学の研究を始めてからのことでした。

3．新たな組織の考え方

組織論や知識経営学といった学問分野で、20世紀末から強くその特性が研究され始めた組織形態に、ポリエージェント・システムと呼ばれるものがあります。これは、従来の機能型組織や事業部制組織といった組織形態が、基本的には集中管理型のいわゆる上意下達的なピラミッド型構造を有していたことに対し、自律的な能力を持つ個人が、フラットな構造の中で有機的につながり、ひとつのネットワークを形成するという組織モデルです。

実は、開発部や営業部、人事部などの機能別組織分化に見られるような、現在の多くの企業組織の形態のモデルとなっている「機能型組織」（図2）は、200年以上前に開発されたものでした。かつて経済学の始祖といわれるアダム・スミスが、「分業」こそが大量生産による近代産業の基礎となる重要な変革であると指摘した、その分業を基礎とした組織こそ「機能型組織」にほかなりません。この機能型組織は、もともと画一的な製品を大量に安く生産するのに適したもっとも効率的な組織でした。

アダム・スミスが、世界で初めてといわれる経済学の書『国富論』

3　バリュー・ネット時代をどう生き抜くか？

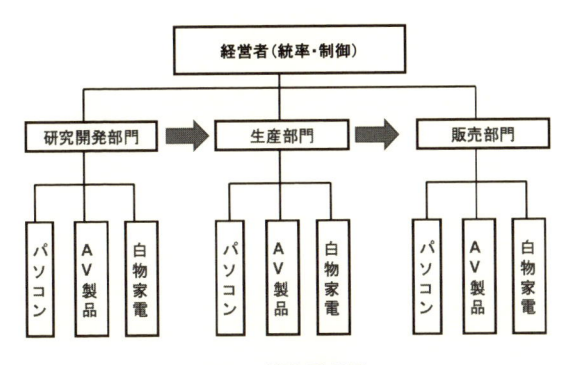

```
            経営者（統率・制御）
                    │
      ┌─────────────┼─────────────┐
   研究開発部門 ⇒  生産部門  ⇒  販売部門
      │             │             │
   ┌──┼──┐       ┌──┼──┐       ┌──┼──┐
  パ  A  白      パ  A  白      パ  A  白
  ソ  V  物      ソ  V  物      ソ  V  物
  コ  製  家      コ  製  家      コ  製  家
  ン  品  電      ン  品  電      ン  品  電
```

図2　機能型組織

の第一章第一節で指摘したのは、「分業」を行うことで、従来の個々の職人による仕事のやり方に比べて数十倍、数百倍の生産向上が図られたという発見でした。スミスは分業の効果を3つ挙げています。

一、分業により個々の作業への集中により、習熟度や効率が上がる（学習効果）

二、作業と作業の間の接続ロスが、全体として低減される

三、個々の作業を単純化することができ、素人でも参画できる（将来、機械化や自動化につなげることができる）

新しい技術の発明というものではなく、人の集まり方と、仕事の仕方を変えることで、従来にない大量生産と利益創出への道筋が生まれたという点で、資本主義社会の礎となるスミスの社会科学的な発見の意義は、大変大きなものであったといえるでしょう。

しかし、このように素晴らしい「分業」とこれを支える「機能型組織」も、現代においては、その長所よりも短所のほうが目につくようになってきています。即ち現代のような「モノ余り」で供給過剰な時代には、むしろ製品を売るには他の製品との差異化や個性化が重要となってきており、画一的なものを大量に生産するよりも、流動化する顧客の嗜好や市場の動きに合わせて、少量多品種のものを俊敏に開発

していくことが求められるようになってきたからです。

　アパレル業界での商品展開の早さは、109を中心としたシブカジ・ファッションでは商品寿命は2週間ともいわれ、携帯電話業界でも、新商品の寿命は3ヵ月程度ともいわれます。機能型組織は、必ずしもこのような時代に適した組織形態とは言えなくなってきています。「大企業病」「お役所仕事」「たこつぼ化」に揶揄されるように、大規模化し官僚化し硬直化した機能型組織は、俊敏性にも適応性にも劣るようなものとなり、さながら図体が大きくなりすぎて身動きできない恐竜のような存在となってしまいます。携帯電話の生産方式は、かつてT型フォードを生み出した「ライン方式」「ベルトコンベア方式」ではなく、職人的世界に近い「セル方式」へと変えられ、「分業」から「統合化」へとパラダイム変化してしまったのです。また、新製品の開発も、従来の大企業型研究所体制や機能型組織の枠組みを超えて横断的に組織された、いわゆる小規模で多様なメンバーの連携によるプロジェクト・チーム方式が多くとられるようになりました。研究所から実用化部隊、そして工場から営業販売へと時系列的に仕事が流れていくリニア型開発モデルではもはや市場の流れに追いついていけないという反省から、開発から生産・サービスまで各部署の精鋭を集めて小組織を編成するいわゆるコンカレント型開発モデルの採用が増えているといわれます。

　こうした多様なメンバーによる少人数の組織、連携チームこそ、ポリエージェント・システムにほかありません。このポリエージェント・システムは、従来の機能型組織とは、真逆な性格のものといってもいいでしょう。ポリエージェント・システムでは、個人の自律性が重視されるという意味では、むしろ近代以前の職人的世界観に通ずるものを持ち、機能分担された（個人としては分業化され全体像が把握しにくい）組織としての活動ではなく、高度に自律化し統合化された個々人の活動を有機的に結び付けるものであるといえます。ポリエージェント・システムは、集中管理型組織に対比して自律分散型組織とも

3 バリュー・ネット時代をどう生き抜くか？

呼ばれ、ときに「ネットワーク型組織」とか「アメーバ型組織」と呼ばれたり、「コンカレント型開発チーム」とも呼ばれたりします。いわゆる初期のベンチャー企業も多くはこの組織形態に近いといえるでしょう。

従来の機能型組織は、実は集中管理型の指示系統を持つという意味で集中管理型通信網とよく似た構造を有し、ポリエージェント型組織が、自律分散型組織という意味でインターネットとよく似た構造を有しているという事実を知ったとき、私は通信技術の変化が、実は社会全体により大きな深い変化をもたらしていたことに大きな驚きを感じたのでした。

「変化の兆し」は、情報通信の技術だけでなく、社会の深いところでもすでに始まっていたのでした。

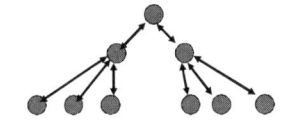

(a) 集中管理型組織　　(b)ポリエージェント(自律分散型)組織

図3　2種類の組織

4．新たな組織の活躍

実は、このポリエージェント・システムが有効に働くためには、いくつかの条件が必要だとされています。即ち、

一、各個人が自律的に判断できる能力を教育によって養っていること

二、各個人が、判断の基礎となる必要な情報・知識を ICT 技術などによって共有していること

三、各個人は自律的であると同時に、共有のミッションにより協働する気持ちをもっていることなどです。

典型的な例として、ベンチャー企業の初期の組織機能を考えると、実によくあてはまるように思います。即ち、特に初期のころのベンチャーでは、どの社員も技術から営業まで多様な仕事をすべてこなし、自律的に行動できることが求められます。そして、活動するために必要な情報は、メンバー全員で共有され、各人が種々の判断をするための情報交換は活発に行われます。と同時に、全員が、同じ目標に向かって団結するための、ある種のミッション共有も行われていないと、組織は円滑に動いていきません。

　これらのことをわかりやすく説明するのに、私はかつて NHK が特集した番組で見たソマリア戦での米軍の組織変革の話をよく例に出すことにしています。それは、米軍の地上部隊がソマリアで敵に包囲され窮地に陥ってしまい、ヘリコプター部隊が救援に向かった時の話です。地上部隊の発進する情報は、従来の集中管理型組織である軍隊の情報網の中で、下位の兵から順に上官に挙げられ、中央の司令官に伝えられてから、司令官の指示が再び次第に下位の者に伝えられ、現場のヘリコプター部隊に伝えられるころには、すでに地上部隊との大きな時間差が生じてしまい、情報が有効に作用せずに、地上部隊が全滅してしまったというのです。そこで、米軍はこの事件を教訓として、従来にない全く新しい軍隊組織を作り出したということです。その組織は、無線と ICT の活用で、要員にすべての情報が瞬時に流され、要員個々人の判断で、従来は許されていなかった重火器の使用判断まで行い、それぞれが自律的に作戦行動をとるというものだそうです。無論、各要員は、重要な判断を自分で下せるようにその能力を教育によって高められているそうです。このような、自律分散型の組織が軍隊にも生まれるようになった背景は、インターネット型 ICT 技術の発展があったことと、流動化し俊敏な対応が求められる現実の厳しさがあると思います。

　こうした自律分散型組織の普及は、次に述べるように、さらに個々の人間の価値観の形成や、対人関係にも大きな影響を及ぼすこととな

ったのでした。

5．バリュー・ネット時代の到来

　「価値の多様化」という言葉は最近よく聞かれる言葉ですが、ここでいう「多様化」は、ただ単に人々の価値観が広がってきて多様化したということ以上に、その背景として、いままで述べてきたインターネットに代表される情報の拡散・普及と、人間組織の変化という二つのことを基礎として起こってきた現象であることを理解しておく必要があると思います。現代社会では、多様な価値観を持つ多様な人々が、自律分散型の組織や集団を形成し、自律分散型の情報網の中で情報を入手し、不定形で流動的な市場やビジネスを展開する世界を構成するようになってきていると思います。その中では、様々な業種業態の人や企業が、従来にはあり得ないような連携、提携や合併を行い、まったく斬新な商品・サービスやビジネス・モデルを提案・構築していくようになってきています。いわゆる、バリュー・ネット時代といわれる所以です。

　かつて、戦略論経営学の大家と言われたマイケル・ポーター博士が、産業界における価値の連鎖を「バリュー・チェーン」という言葉で説明しましたが、現代は、一本の鎖になぞらえるような単純な産業構造ではなく、多面的で多角的な網（ネット）のような広がりをもつ自律分散型産業構造ともいうべきものに変化しているのが実態でしょう。この文章の冒頭で述べた、オセロゲームのような時代とは、まさにこのような事態を表す言葉だといえるのではないでしょうか。この時代の商品とは、性能や価格といった一元的な価値体系には収まりきらない、多元的な価値から形成されており、iPod のビジネス・モデルにも示されるように、現代の商品は、「モノ」としての側面よりも、より「コト（サービス）」としての側面が強くなっていると思います。さらに言うなら、単純な「コト」であるより、一つの価値体系のコン

テクスト（文脈）をもつ「モノガタリ」としても展開されるようになってきたともいわれます。

　私はよく学部の大学生だけでなく高校を訪問し高校生に授業を行う機会もあるのですが、高校生や大学生たちと、「商品がよく売れる店はなにが違うのか？」といった話題で議論をすることがあります。そこでの結論は、多くの分野で、単に価格が安いだけの理由ではなく、商品の飾り方や並べ方、POP（店頭で商品の特徴や生産者、生産過程など多くの情報を紹介する立て札のようなもの）や店員の説明の仕方や親切な対応・アフターケア、店の雰囲気・インテリア、トイレの清潔さ、さらには店のある町全体の様子など、様々な「モノ」以外の要素が、購入の要因となっているという事実でした。無論、ブランド性や企業への信頼性なども重要な要因です。また、ある経営学者の調査では、いまや日本一の集客数を誇る北海道の旭山動物園の人気の原因は、単に動物の見せ方や内容だけでなく、西田敏行さんが主演の映画にもなった、経営が悪化した中で起死回生のリベンジを成し遂げた旭山動物園従業員の物語性そのものに負うところ大である、ということです。多くの人々は、旭山動物園に動物を見に行くだけでなく、起死回生した人間のドラマを体感し共有したいという思いにかられて行く、というのです。

　すなわち、現代においての商取引の対象は、単なるモノではなく、モノに付随した様々なサービス・情報・感情・ブランド・信頼といったコトであり、さらにはコンテクストを持つモノガタリになってきているという話です。モノ余りの時代になって、モノ以外の多様な内容に価値を求めるようになったことは、ある意味で自然なことかもしれません。現代では、商取引される対象物も、実体的な有形資産から、そうした不定形な無形資産へと変貌しているということも興味深いことでしょう。何故なら、無形の資産が重要であるならば、一般的に言う資源のない国や資源のない地域にも新たなチャンスを生み出してくれるからです。

また、「モノ」から「コト」そして「モノガタリ」への流れは、ビジネスの形態も、商品を単体で売り切る瞬発型から、長期的な人間関係の中で持続的に行われていく継続型へと変化させているように思います。モノを売り切るだけのビジネスでは、この新しい時代を乗り切っていけないということなのかもしれません。

6．ビジネス・モデル主導の価値体系のリストラクチャリング

　こうした多様な価値によって構成される世界で、私たちはどのようにビジネスを構築していけばよいのでしょうか？　ここでは、従来の単純なシーズ志向でもニーズ志向でもない、新たな発想、いわばシーズそのものでもニーズそのものでもない、「ビジネス・モデル」主導の考え方が必要であると考えます。

　現代においても比較的古典的なモデルとして、シーズとニーズを直結させて直線的な志向でビジネスを構築できるのは、たとえば重工業であるとか、エネルギー供給であるとか、商品寿命の長い、インフラ系の産業世界でしょう。そうした分野では、シーズもニーズも比較的長期的に安定しており、めったに変化したりせず、まったく異なるものに変質することも少ないと思います。シーズとニーズのつながりもしたがって比較的直線的に安定しており、激変することの少ない世界であると思います。しかし、昨今のように、想定外の地震で原発が問題を抱えると、安定しているかに見えた世界観が一気に変わるということが、こうした分野ですら起こる時代となってきました。

　いわゆる商品寿命が短い、コンシューマーの嗜好性に左右されるような分野では、ファストファッションに揺れるアパレルや iPhone、iPod、iPad に代表されるように、ビジネス・モデル主導の考え方が極めて重要になってきたといえます。ビジネス・モデル主導とはどういうことでしょうか？　ここでいくつか分かりやすい例を種類別にあげて考えてみたいと思います。

一番目の例は、米国のスーパーマーケットでよく見かけた新手の商売です。その機械は、自動紙幣交換機ともいうべきもので、スーパーマーケットの出口に置いてあり、小銭を紙幣に交換してくれるものです。小銭を紙幣に交換することは、銀行にいけばもちろん無料で行ってくれますが、この機械ではなんと小額ながら手数料を必要とします。銀行にいけば無料で行ってくれることを、あえて有料で行って、一体だれが利用するのだろうと思いがちですが、ポイントはこの機械が設置されている場所です。つまり、スーパーマーケットで買い物をした主婦が、レジから出てくると、ちょうどこの機械が目にとまります。レジではほとんどといっていいほど、小銭のおつりをもらうのですが、これがお財布を重くしていやなものです。重い小銭を軽くて厚みのない紙幣に換えられるとうれしいのですが、なんであえてこれを有料にするのか、若干の抵抗があるかもしれません。しかし結局、その手数料が比較的安ければ、もちろん銀行まで時間をかけていくよりもはるかに便利なので、つい手数料を払ってもこの機械を利用してしまうのです。

そこで気になるのは、これは一体何が起こっているのか、ここで売られているものは一体何なのか、という問題です。実はここで売られているのは、紙幣でもお金そのものでもなく、主婦が銀行に行く「手間」であり、「時間」ないし「交通費」あるいはそれらを総称した「便利さ」なのかもしれません。ここでは、明らかに何か商品という「モノ」を売っているのではなく、こうした無形の抽象的な「コト」を売っているのだといえましょう。

これとよく似た話が、セメント業者の話です。セメントというと、まさに素材であり、通常の消費者向けの嗜好品と違って、ブランドも関係なければ、あるいは性能やデザインといった要素もない、原材料という商品です。自然に、セメント業者間では、価格競争となり、お互いにつきることのない低価格化で利益が減ってしまう消耗戦で疲れ果ててしまったそうです。

3 バリュー・ネット時代をどう生き抜くか？

　ところで、あるセメント業者が、トラックの荷台にミキサーを積んで、セメントと砂や砂利、水等を混ぜながら、建築現場に向かい、セメント購入者にすぐ使える生コンクリートとして販売することを考えたそうです。すると、あらゆる顧客が、この業者ばかりから購入するようになり、あっというまにセメント市場を席巻してしまったというのです。この話でも、実はちょっとした工夫で、売るものがセメントという「モノ」から、むしろセメントをこねる「手間」や「時間」といった無形のものに移り始めており、言葉でいえば「物品製造販売業」から「サービス業」への転換が図られているということに気づきます。

　さらにまた別の話で、大阪にある地域特産品中心の八百屋さんの話をしましょう。この店では、他店に比べて驚異的な売上をあげていました。なぜそんなに売れ行きがいいのかと思って現場に取材にいったところ、店の中にはいった瞬間目にはいってきたのは、膨大な情報でした。つまり、いわゆる POP という張り紙に、この野菜はどこの村の誰が作ったもので、どんな工夫をして作ったのか、どういう特色があってどういう食べ方をするとおいしいか、といった情報が書かれ、そこかしこと張ってあるのです。さらにお店の中では、店員さんがお客さんと仲よさそうに雑談しており、前に買った野菜の味がどうだったとか、もっとこういうものがあるといいとか、いろいろな感想や要望を聞きこんでいるのです。後で聞いたところによると、店員さんは、産地に直接行って農家に泊まり込み、生産者から直接作物に込める思いや工夫などを聞きこんでいたのです。そうして仕入れた情報を、店の POP で紹介するだけでなく、消費者から直に聞いた商品の感想や要望も生産者に伝え、いわば両者の情報の橋渡し役を務めているのです。こうした豊富な情報と、生産者の思いだけでなく消費者の思いが反映された商品を並べているから、この店の売上が上がるのだと、理解しました。つまり、この場合も、売っているものは、単なる野菜ではなく、むしろそのまわりに付随した情報や気持ちであり、小売業としての店は、生産者と消費者のコミュニケーションの仲介をしている

一種の情報産業といってもいいビジネスだったということです。

　あるいは、また別の話として、倒産寸前の企業の立て直しばかりやっていた、ある経営コンサルタントが書かれた経験談について述べましょう。この方が、ある企業に行ってみると、その企業は、高級な医療器械を製造販売していたのですが、経営難を抱える病院が多く、その機器の売れ行きが悪く、ほとんど倒産寸前にまで陥っていたということでした。そこで、このコンサルタントは、会社のビジネス・モデルを変え、まず高級な医療器械を病院に置いてきてしまい、これをただ同然で貸与すると言ったのです。但し、装置を使うと、一定の部材費やメンテナンス費用がかかるのですが。これを少し高めに設定したということです。実際に起こっている事柄はほとんど同じなのですが、病院は、高額な設備投資をまぬかれ、患者さんの支払う治療代から変動費としてのメンテナンス費用や部材費を支払うだけなので、このサービス（？）を好意的に受け止めており、結果、この企業はみごとにＶ字回復したというのです。この場合も、物理的に行っていることは以前とあまり変わらないのですが、ビジネス・モデルを変えることによって、お金の流れが変わったと同時に、売っている商品の内容も、やはり「モノ」から「コト」へと変質していることに気がつきます。

　この企業も、どちらかといえば、製造販売業からサービズ業への転換を図ったと見ることができます。この場合のビジネス・モデルは、実はいまでは非常に一般化していて、例えば０円で携帯電話を売って通信料で利益を出すビジネス、比較的安価でインクジェット・プリンターを販売し、インク・カートリッジの供給で利益を出すビジネスといった具合に、似たようなビジネス・モデルがちまたに氾濫するようになりました。

　このように、実際に行っていることはそれほど変わっていないにもかかわらず、商品の概念を変え、利益の生み出し方を変えるものがビジネス・モデルであるといえます。現代は、単にシーズとニーズを短絡的にも結びつけるのではなく、このビジネス・モデルという一種の

媒体・触媒を通して、ビジネス全体の価値体系の再構築（リストラクチャリング）を行うことが、競争に勝ち残る大きなポイントになってきていると思います。

7．キー・コンセプトの発見による価値体系の創造

シーズやニーズといった様々なビジネスの要素をどう組み合わせ、ビジネス・モデル中心にリストラクチャリングしていくか、そこに現代のビジネスの難しさと面白さが同居していると思います。では、実際にどのようにビジネス・モデルを創出していけばいいのでしょうか？　ビジネス・モデルというと少し難しそうな印象を与えますが、これは商品や商売におけるキー・コンセプトが何か、という言い方にすると、少し考えやすくなるのではないでしょうか？

多くの人や組織・企業や業界が、対等な位置関係でそれぞれ自律的に動き出し連携し始める、そんな世界では、ひとつの事業やビジネスを生み出すために、中心となる考え方（キー・コンセプト）が極めて重要なものとなります。つまり、従来の産業構造のようなバリュー・チェーンが働かない以上、人や組織を結びつける仕組みや構造を提起しなくてはならないということです。これは、ひとつひとつの商品レベルでも、従来のような価格や性能といった単純な価値基準ではなく、むしろ様々な価値の要素を結びつける価値体系ともいうべきアイデアやコンセプトが重要になってきている、ということと対応しています。

具体的な例として、私の友人のあるアートディレクターから聞いた、外国製高級アイスクリームが日本に上陸し、日本での販売プロモーションを考えていたころの話をしましょう。当初、企業側は、高級な素材から作った、従来にはない脂肪成分の多い、栄養価の高い、高品質なアイスクリームということを宣伝したらどうか、と思っていたそうです。しかし、議論の中で、そうした効能書きのような宣伝をしても消費者の心はとらえられないこと、むしろ重要なのは、「従来の価格

の安いアイスクリームは子供向けの食べ物である」というイメージの中で、「このアイスクリームは価格が高いが品質もよくむしろ大人が楽しむ食べ物なのだ」というコンセプトを宣伝すべきであるという結論になったそうです。そこで、最終的に作られたテレビ用のプロモーション・ビデオでは、イブニングドレスを着た女性がタキシード姿の男性と絡み合う恋愛映画の一シーンのようなものになったというのです。つまり、恋愛イコール大人の世界イコール高級アイスクリームという、従来にないキー・コンセプトの提示として、外国製の高級アイスクリームを売り出したということでした。この例が教えてくれるのは、現代の商品作りは、「高級な素材から作った」とか、「従来にはない脂肪成分の多い」といった個々の価値の追求ではなく、これらを総合化していく新たな価値体系の提案でなければならない、ということだと思います。iPhone、iPod、iPad などの商品群はまさにそういったものではないでしょうか？

　「時間を知るための腕時計」ではなく「ファッションとしての腕時計」というキー・コンセプトを打ち出したスイスのスウォッチの商品企画発案者として、またスタック型カートやスタック型家具を創出したことでも知られる米国の企画・デザイン専門企業「イデア社」は、様々なユニークな商品開発の現場の様子を本にして教えてくれています。その企画会議の場で、ポストイット・カードを用いたアイデア出しの手法が用いられているのは興味深いことです。なぜカード・システムが新商品の開発に有効かというと、実は自由に個々の位置関係や組み合わせ方を変えられ、さながらオセロゲームのように、新たなつながりを創造できるからだということです。現代における商品つくりというのは、キー・コンセプトの提案に基づいて様々な要素を組み合わせ構成しなおすリストラクチャリングという作業である、逆にいえば、今日における商品とは、そうして提案された新たな価値体系そのものである、ということではないでしょうか。

3 バリュー・ネット時代をどう生き抜くか?

8. ネットワーク化からグローバル化へ

　個々の商品やビジネス、そして産業構造そのものが、予断を許さない流動的なバリュー・ネット型構造になってきているなかで、ビジネス・モデルそのものもネットワークを基礎としたものが増えていると思います。

　株式会社コマツは、不況と低迷が叫ばれる日本の製造業の中で、ひとり気を吐くような存在となっている高実績企業ですが、もともとは鉱業に端を発する建機メーカーです。その建機メーカーが好調であるひとつの原因は、販売する建機の中に無料で GPS と通信装置を埋め込み、販売後の機器の使用個所や動作状況をすべてコマツ側に情報収集できるネットワーク・システムを作ったことにあります。このシステムにより、中国などの販売先で機器が盗難にあったときに機器の場所をオーナーに連絡することで喜ばれたり、あるいは稼働率の落ちている機器があればこれを購買先企業に教えて効率的な機器使用への情報提供をしたりと、様々な販売後のサービスに結び付けています。更に、インターネットを利用して、購入先が、機器の故障やトラブルを抱えたときに、瞬時に部品交換の情報を与えたり手配をかけたり、中小の建機部品メーカーと顧客との情報交換の場を提供し、長期間にわたる機器のメンテナンス・サービスをビジネスの中に組み入れていることも知られています。こうした、自社、部品供給会社、販売店、顧客などをひとつのネットワーク・システムでつなぐことで、自らの競争力を上げるだけでなく、多くの人々の利便性を提供するプラットフォーム的なインフラを構築しているのが、コマツのビジネス・モデルの優れた点であると思います。コマツ自身は、こうしたやり方を、機器の一時的な販売から販売後の長期的なメンテナンス・サービスへのビジネス・モデル転換ということで、「アフター・マーケット」戦略と呼んでいます。

　この場合、ビジネス・モデル転換に ICT（情報コミュニケーショ

ン技術)によるネットワーク構築が果たした役割は非常に分かりやすいものとなっています。しかし、ここで見落としてならないのは、こうした ICT による情報ネットワーク・システムが有効に作用するには、これと並行したかなり密な人間のネットワーク作りが必要であったという点です。自社の社員はもちろんのこと、関連会社や顧客をも巻き込んだ、人間関係の構築と教育体制をもとに、自律分散型の組織作りが周到にされていたことが、ネットワーク・システム有効化の重要なポイントになっています。

こうしたネットワーク作りをビジネスの根幹に据えていくと、自然に現代においてはそのネットワークは国境を越えて広がりグローバル化へと発展していきます。コマツの場合もグローバル化をうまく行い、中国市場での成長が企業実績の大きな原動力になりました。

ネットワーク化とグローバル化が企業経営を飛躍させる例は、様々な場所で見つけることができます。経済的低迷と停滞が続いているといわれる地方においても、むしろ好実績の企業を誕生させることに結びついています。

県民一人当たりの GDP が全国でも最下位といわれる高知県においても、片田舎にある農業関連企業が、利益率30%という驚異的な実績を誇っています。この企業はもともと植物好きの高校の先生が起業したユリの球根を作ったり販売したりする会社ですが、従業員わずか15人足らずの中小企業で、リーマン・ショック前には年商23億円、純利益8億円という驚異的な高実績で、利益率%という日本の多くの大企業をしり目に見るほどの優良企業でした。その原因の一つは、やはり顧客と取引先を結ぶ広範囲なネットワーク作りにあったと思います。オランダなど球根の先進国から仕入れた情報を絶えずインターネットを通じて顧客側に伝え、自身でもコンピュータ制御の温室を作って花の栽培条件を詳細に研究し、こうした情報をつけて球根という商品を販売しています。更に、ネットワークの範囲を南半球にまで広げ、日本が冬でユリなどの花の球根が入手できない時期に、南半球のチリや

ニュージーランドといった国々から球根を冷凍コンテナで輸送し、温め直して発芽させる技術を開拓することで、日本の冬のユリ市場を席巻するなどの工夫をしています。ネットワーク化やグローバル化をうまく使って、地域にあっても高実績で競争力のあるビジネスを構築した点で、大いに注目に値するでしょう。

　このように、バリュー・ネットの時代には、個性的なビジネス・モデルやキー・コンセプトを創出し、ネットワーク化やグローバル化といった要素を積極的にビジネスに取り込んだ企業が大いに発展する状況となってきました。厳しい円高や産業の空洞化の中で、大企業も中小企業も、また格差に悩む地域企業も、悩みのつきない時代ではありますが、この時代を生き抜き駆け抜けるために、ネットワーク化やグローバル化は重要なキー・ワードであることは確かだと思います。

9．新たな日本の出番とMOT

　こうして述べてきたネットワーク社会、バリュー・ネットの時代というのは、日本にとって得意な状況なのでしょうか、あるいは不得意な状況なのでしょうか？　考えてみると、協調性に優れ人と人との付き合いを重視してきた日本の風土文化は、必ずしもこの時代に活かされないものでもないのではないでしょうか？

　1980年代には、半導体工業の世界では垂直統合型経営で大量生産の分野をリードしていた日本が、グローバルな水平分業体制についていけずに、新興国の進出と厳しい円高状況の中でどんどん競争力を失い産業の空洞化を起こし、今日の不況へとつながってきています。しかし、これからのバリュー・ネット時代では、従来とは違った意味で、日本型の経営がリベンジしてくる可能性もあるのではないでしょうか？

　従来、日本の企業に多くみられるローリスク・ローリターン型経営、株主支配権の弱い経営、従業員第一主義、終身雇用・年功序列制、稟

議制、プロセス・イノベーションに強くプロダクト・イノベーションに弱い経営、Jカーブ型ベンチャーの育ちにくい環境(教育、人事制度、投資構造、資本家の不在、株主比率、社会制度)、等々は、日本の前近代性や不合理な体質として多くの批判を浴びてきたと思います。

実は、1980年代の日本の全盛期には、ポジティブな評価を得ていたものもあるのですが、バブル崩壊と「失われた十年」以降、これらはむしろ日本企業の停滞の原因としてネガティブに評価されがちでした。しかし、リーマン・ショックを経て米国型資本主義がもつ負の部分が顕在化し議論され始めた今日、あるいは「成長の限界」がうたわれ資源枯渇や地球環境破壊が現実のものとなっている今日、これらの日本型経営の持つ良い部分が今後再評価されていく気配を感じるのは私だけでしょうか?

MOT(技術経営)においても、こうした側面を考慮していくことが、今後の課題のひとつであることを私は感じています。今日、MOTという言葉のインパクトは日本ではやや弱いものになってしまった感がありますが、こうしたバリュー・ネット時代であるからこそ、またMOTの新たな取り組みが必要だと思います。こうした問題を是非読者の皆さんとも一緒に議論し考えていきたいと思っています。

【参考文献】
C.クリステンセン(2000)『イノベーションのジレンマ』伊豆原弓訳、翔泳社
高木晴夫ほか(1995)『マルチメディア時代の人間と社会——ポリエージェントソサエティ』白桃社
H.E.デイリー(2005)『持続可能な発展の経済学』新田功ほか訳、みすず書房
平野真(2008)『地域発価値創造企業』丸善出版
M.E.ポーター(1985)『競争優位の戦略——いかに高業績を持続させるか』土岐坤ほか訳、ダイヤモンド社
D.H.メドウズ(1972)『成長の限界』大来佐武郎監訳、ダイヤモンド社

4 挑戦なければセレンディピティもない（Bootlegs戦略）

渡辺 孝

　セレンディピティ（serendipity）とは「偶然をとらえて幸運に変える力」と一般に理解されています。イノベーションの成功プロセスの話には、必ず思いがけず発見・発明・工夫・受注に巡り会ったエピソードが出てきます。しかし、努力しているからこそチャンスに遭遇するのであり、新しい試みを否定しているのみでは、イノベーション・プロセスは動き出しません。大企業になればなるほどリスクが高いと思われるプロジェクトは敬遠しがちになります。それに腐ってしまっていては、自身も腐っていく。公式には組織に認められずにインフォーマルに進める研究開発を Bootlegs（密造酒造り）といいます。目に見える成果をプレゼンすれば、人は納得します。鶏と卵の因果を打破する道筋がここにあります。

1．某有機廃棄物エネルギー転換プラント開発の紆余曲折

　1990年代後半、中小企業の工場長が新たな成長事業としての新規事業を模索していました。自社の技術ノウハウを活用できる廃棄物発電プラントです。大規模なものは存在していますが、日量1～4トン程度の処理能力で食品工場の敷地内で日々処理できるオンサイト小型プラントです。有機廃棄物を乾留し、乾留ガスを燃焼させて発電する仕組みです。乾留したガスを燃焼するだけでも、有害な排ガスの発生がなく、すでにいろいろな企業が小型装置を開発し販売しています。発

電までつなげることができれば一層のエネルギー有効利用となると想定され、需要があると考えました。

しかし、一緒に生成するタールは、高温ではガス化しており、冷えると液体となり、発電機装置にタールが張り付き、故障してしまう。その回避方法が見つからず、開発を諦めていました。2000年頃に、ある講演会で大学の先生が、「ガス化したタールに高温の水蒸気を反応させると、炭素と水が水素と一酸化炭素に転換し、これを発電機の燃焼につなげばタール問題は解決できる」と発表するのを工場長が聞き、装置は複雑になるがチャレンジする意欲が湧いてきました。早速、大学の先生に共同研究を申し込み、実験を開始しました。技術的見通しが得られたので、パイロットプラントを制作するステップに進むために、産学連携プロジェクトを支援する補助金の申請の準備にかかりました。

大学の産学連携のコーディネータに相談すると、廃棄物処理関連事業のプラント開発で成功した事例はほとんどなく、中小企業の財務基盤で深入りすると、中小企業自体が立ちゆかなくなる可能性を指摘されました。コーディネータの経験では、コンピュータ業務ソフトウェアのパッケージ開発と並び、この種のプラント開発は、試作品までは予算通りに開発できても、実用化する時点で思わぬ問題が発生し、その対策が次の問題を引き起こし、とうとう開発途上で資金の手当ができなくなる、とのこと。工場長は社長と議論し、ベンチャー企業として独立させて、資金調達する方針としました。

ベンチャーキャピタルもコーディネータと同様の意見でしたが、すでに大学のパイロットプラントで実証済みであることから、半信半疑であったかもしれませんが、追加投資はしないという条件で、投資に踏み切り、ベンチャーキャピタルと中小企業が株主、工場長が社長というベンチャー企業が設立されました。

コスト面で優位性があり、故障や問題のない完成された製品であれば、需要は必ずあるというイノベーションがあります。がん治療等も、

4　挑戦なければセレンディピティもない

開発は困難でも需要は必ずあります。工場長が構想したプラントも、需要は必ずあるといえます。このような需要があることを前提に製品開発することを「マーケット・プル」と言います。この場合、故障や問題のない、ユーザーが経済的にも得をする完成された製品を開発可能か、それとも夢物語かが問題となります。完成することが簡単であれば、そのアイディアはすぐに真似されて、事業としては成功しません。この小型廃棄物発電は、まさに完成させるハードルが高いものです。

　起業後3年、やはり、問題は発生しました。タールが完全には取り切れなかったのです。水蒸気の温度をもっと高くしないとタールが残ることがわかりました。しかし、温度を上げるためには、その高温に耐えるパイプや材料を使わないと完成しない。新しいベンチャーキャピタルが理解を示してくれ、再度チャレンジすることになりました。ところが、顧客開拓の途上で、発電した電気を有効に使うことができないケースも多く、必ずしも廃棄物を外部処理業者に委託するよりも経済的に有効かどうかわからない、ということが判明しました。

　ちょうど再チャレンジに移行する頃、水素と一酸化炭素を軽油留分に効率的に転換できる触媒を開発した大学の先生が見つかり、協力を仰ぐことになりました。電気は貯めておくには蓄電装置のコストがかかりますが、軽油であればタンクに貯めておけます。図1が、バイオマスを軽油燃料に転換する（B.T.L.----Biomass to Liquid）処理フローです。

　ベンチャー企業ですので、人材は中途入社の集まりですから、大きな方針転換には様々な議論があり、組織的にも問題が発生し、資金的にも限界が出てきました。しかし、社長は方針を変えず、とうとう資金が枯渇してしまいました。事実上の倒産状況です。ベンチャーキャピタルも諦めてしまいました。

　通常であれば、これまでで終わりですが、諦めない社長は、無給でも頑張る社員と踏ん張り、政府に補助金申請し、バイオマスをガス化

して軽油にするパイロットプラントを完成させ、デモンストレーションができるまでになりました。現地でマスコミなどに披露しながら、生成した軽油でトラクターを走らせました。

その様子の映像が海外メディアにより流され、英国の投資家が興味を持ちました。何とか補助金で事業継続を図りながら、英国と投資家との協議を進め、タックスヘイブン（租税回避地）に持株会社を設立し、現在の企業はその子会社になる仕組みになりました。社長はだまされて技術を全部取られてしまうかもしれない危惧も持ちましたが、どのみち先がないから失うものもない、と決断したようです。

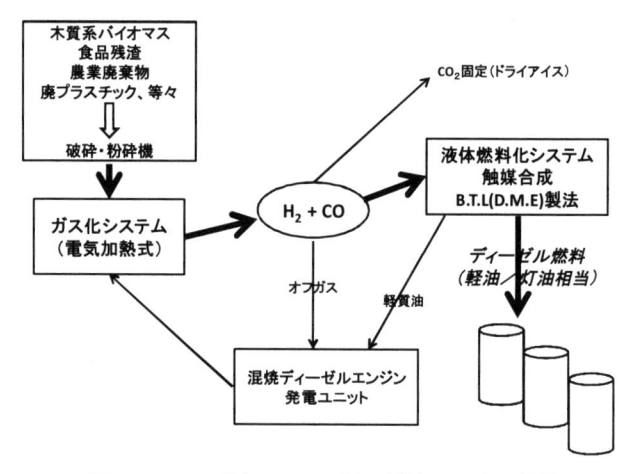

図1　B.T.L (Biomass to Liquid)システムの概要

悪戦苦闘の開発過程で改良すべき課題はほとんど出尽くしており、資金さえ調達できれば技術は完成できると確信しています。現在、予定通りに完成に向けて頑張っています。

最初のプラントの失敗での資金枯渇、次のプラントの方針転換による資金枯渇、事実上の倒産、海外投資家による再浮上へと、次々に困難に遭遇し、偶然にチャンスに巡り会い、成功への展望を持てるとこ

ろまで到達しました。

2. 挑戦とセレンディピティ

　工場長が通常のサラリーマンであれば、上記のような物語は生まれません。このような人物は多くはいませんが、彼のように行動するかどうかは紙一重の違いでもあります。彼は大学を卒業後、大手の機械メーカーに勤務しています。しかし、自分で独立して事業展開することが夢でもあり、一度起業して失敗して、中小企業で働いていました。今回が二度目の挑戦です。独立して事業展開したいと思う人は、彼だけではなく大勢いるでしょう。しかし、彼は若いときに起業した経験があり、失敗したときの苦難も知っています。だから、大学のコーディネータにベンチャー企業方式を助言されたときに、敢然と中高年になっても起業する選択ができたのでしょう。なかなか、そこまでは思い切れませんが、自分の製品やサービスのアイディアを実現したいという思いは、多くのサラリーマンが持っているはずです。

　自分が所属する企業の経営者が、自分のアイディアをすぐに承認することはほとんどありません。といって清水の舞台から飛び降りるようなベンチャー創業するほどの決断はできません。この章では、それではどうすれば良いかを考えてみましょう。

　「セレンディピティ」という言葉の意味は「偶然に幸運に恵まれ、新しいことを発見する」というもので、単に幸運に遭遇するという意味でも使われます。この言葉を本の題名にして、如何に多くの科学的発見がセレンディピティであったかが書かれている本があります（ロバーツ 1989）。たとえば、世界最初の抗生物質で多くの人の命を救ったペニシリンの発見についてです。

　フレミング博士が発見しましたが、彼はこの発見の前に同じような経験をしています。風邪を引いた時に鼻汁を培養していました。観察しているときに彼の目から涙が培養皿に落ちました。明くる日、その

涙の周りに細菌がなく透明になっていることを発見したのです。この涙の成分は効力が弱く薬にはなりませんでしたが、その後、細菌を培養しているときに同じようにある箇所の周りだけ、細菌がいなくなっていました。その中心にある物質を調べたところ、カビでした。気がつかないうちにカビが付着してしまっていたのです。その物質をペニシリンと名付けました。これは薬になると考えましたが、濃度が濃くないと効き目がなく、他の大学の研究チームと研究し、高濃度にすることができましたが、生産効率が悪い。第二次世界大戦のさなかで、負傷兵治療を急がれ、米国も協力しました。その米国の農業地帯のピオリア研究所が抽出した物資を培地に入れると劇的にペニシリン生産が増加することが発見され、大量生産の道が開けました。偶然にロンドンで発見され、米国の町の研究所で大量生産の方法が発見されました。セレンディピティの連鎖が、多くの人の命を救いました。

　もともと、この言葉の起源は、「セレンディップ(セイロンのことで今はスリランカ)の三人の王子」というおとぎ話であり、18世紀にホーレス・ウォールポールが書いた手紙でこの言葉を使ったとされています。この王子たちが、偶然にいろいろなものを発見していく話です。この偶然性は、何か新しいことに挑戦している時に発生する。何もしていなければ、偶然は起きないことに注目すべきです。この言葉をイノベーションと結びつけて議論されています。目標を定めて努力しても、必ず壁に突き当たります。しかし、そこで諦めてしまっては、セレンディピティは起こりません。

　ベンチャー企業を創業した工場長が、創業しないで中小企業内で開発する選択をしたならば、大学との共同研究でプロトタイプを完成させたところで終わっていたでしょう。最初のベンチャーキャピタルの資金が枯渇したときに、次の方針に突き進む決断がなければ、やはり、そこでも終わっていたに違いありません。実現させるために諦めずに進めたから、海外からの資金導入に結びついた。挑戦を継続することから、幸運がやってきます。

３．日本大企業病と某省電力制御デバイス技術

　大学から生まれた技術で、電圧や電流を効率よく省電力で変化させる、たとえば直流を交流に、あるいはその逆、等々応用範囲は様々想定されます。基盤的技術の発明の場合、特定の製品開発に直接には結びつかない。応用するときには、その応用製品の開発企業がライセンスを受けて製品化する必要がある。製品イメージより、発明が先行している。このような技術シーズをもとにイノベーションを起こすことを、「テクノロジー・プッシュ」と言います。この場合の泣き所は、実用化する企業が現れないと、宝の持ち腐れになってしまいます。興味を持った企業の技術者が現れ、その技術者がその技術に惚れ込んだとしても、企業の経営陣が承認しないと実際には動きません。

　多くの日本大企業の新規事業に関する意志決定は、ボトムアップで何層もの承認を得て、役員会なりで最終的に承認されますが、その提案のステップアップのプロセスに極めて多くの労力と長期の時間を要します。新規の発明による事業が成功するかどうか、100％自信持って説明できる人はいないので、つまり、リスクが高いので、できればその決定は避けたいと思うのが人情です。

　テクノロジー・プッシュの発明をベンチャー企業で実用化する際には、興味を持った企業が存在しても、技術導入の意志決定が長いと企業として存続できなくなります。これは、社内で発明された技術でも同様です。政府の補助金を受けて新規の発明が生まれても、意志決定がなされず、そのうちに発明した人材が研究部署から工場などへ異動してしまうこともあります。

　新規事業開発は自社内の人材資源のみで賄うことは、ますます難しくなってきています。円高を背景に、日本企業も海外企業の買収などを増加させていますが、事業の国際展開を促進させるために、既存類似事業の海外企業買収が多く、新規の技術体系に基づく比較的新しい企業の買収は少ない。欧米企業は、先端技術分野で成長途上段階にあ

るベンチャー企業と位置づけられる企業の買収によって、事業の幅を広げる戦略が目立ちます。バイオテクノロジー、医療機器（MD）、情報通信技術（IT）の分野中心です。特にバイオテクノロジー分野では図2に示すような、大学―大学発ベンチャー企業―大手企業の提携／買収という関係ができあがっています。『オープン・イノベーション』（チェスブロー 2003）というハーバード大学の経営学研究者の著書では、自社内の研究資源のみでは不十分となってきたと言っています。すでに米国のバイオテクノロジー分野では、1980年代から図2の関係が成り立っており、ますます、この流れは激しくなってきています。

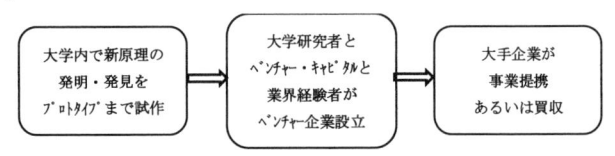

| 大学内で新原理の発明・発見をプロトタイプまで試作 | → | 大学研究者とベンチャー・キャピタルと業界経験者がベンチャー企業設立 | → | 大手企業が事業提携あるいは買収 |

図2　大手企業と大学発ベンチャー

　スタンフォード大学の技術移転組織が同大の技術を使って創業したベンチャー企業のリストを公表しています（参考文献参照）。全部で202社ありますが、多くの企業が高額で買収されています。バイオテクノロジー分野が多く、その中で創業後短期に高額で買収された事例もあります。がん治療薬の開発目的で2007年に設立された Arresto Biosciences 社は、2011年1月にタミフルの開発で有名な Gilead 社が2億2,500万ドルで買収しました。バイオテクノロジー分野以外でも、このリストの最初に出てくる @Road 社は1996年に設立され、GPS（Global Positioning System）からの位置情報を活用するビジネスとしてトラックなど移動体の最適配置マネジメントのシステムを顧客に提供して成功し、2007年に GPS 事業大手の Trinble 社に、約4億9,300万ドルで買収されました。半導体製造装置のひとつである露光装置（ステッパー）の世界大手企業であるオランダの ASML は、

4 挑戦なければセレンディピティもない

2002年設立のBrion Technologies社を、2007年に2億7,000万ドルで買収しています。これらはほんの一例ですが、日本ではこのような動きは未だ例外的にしか存在しません。

　上記の省電力制御ディバイス技術の発明のケースでは米国型の事業展開を想定しました。このタイプのベンチャー企業を設立する場合は、相当に国際ビジネス経験があり、人脈を持っている人材でないと事業展開は難しくなります。意志決定が遅い日本企業は諦めて、海外の企業などにアピールすることでライセンス／共同開発の契約を進めています。

　社内で生まれた新規事業のアイディアのケースでは、自社以外に勝手に持ち出して、海外の企業などに売り込むことなどできません。出口なしの状況です。努力が報われないと、元気もなくなります。社内アイディアと言っても、先端技術の場合、発明は大学などの場合が多くなる。大学の研究者と必死になって実用化研究をしても、社内で認知されなければ、前には進めません。

4．出口は何処に

　新規のアイディアをどうしても製品にしたいと、強い意志があれば実現できる可能性もあります。

　NHKの「プロジェクトX」という番組で2002年に放映された第90回「男たちの復活戦 デジタルカメラに賭ける」（デジタルカメラ開発・カシオ計算機 7月2日）を見た読者も多いのではないでしょうか。この開発物語のコアは、経営サイドから承認されなかったデジカメ開発のアイディアを、予算申請プロセスをごまかして、かつ外部の関係者も巻き込んで開発したところにあります。いわゆる「闇研」です。

　この闇研の場合は、小型化するために2,000万円の費用が必要であり、かなりねじれた予算獲得をしなければなりませんでした。しかし、結果的には小型化に成功し、パソコンで画像が見られる仕組みのアイ

ディアも出て、米国での見本市で評判となる等、前述のセレンディピティの連続がありました。闇研であっても挑戦を継続したから物語が生まれました。カシオ計算機というオーナー企業の性格もあり、どの企業でも同様のことが可能とは言えませんが、それに類似の方法も考えられます。

　LSI 設計と試作、パイロットプラント製作などとなると、多額の予算がないと難しいですが、若干の材料と機械設備があれば試作可能な製品やソフトウェアであれば、可能性はあるでしょう。会社に設備の休日借用を依頼し、つまり残業ではなく勤務時間外に仲間と集まって試作品を作ることにすれば、それを認めない企業は少ないでしょう。試作品ができれば、それを買いたいと思う顧客がいるかどうかは、ポンチ絵で示すより把握しやすいでしょう。顧客の反応を見て改良し、これなら大勢の顧客が満足すると思えるレベルになったところで、正式に新規事業計画として提案する。売れそうかどうかまで判断材料があれば、経営陣も前向きになるでしょう。

　発明が大学の研究室である場合には、社内設備の借用もいりません。先端分野で発明をする研究者の多くは、研究が人生そのものという面があり、休日でも大学で研究しています。休日に仲間と研究室に集まり、実用化の研究開発をする。大学は新しい研究フロンティアを次々に開拓しなければ、研究論文が書けません。もう少しで実用化ができると思っても、それに精力をつぎ込むと長期に亘り、次のテーマに取りかかれなくなります。内心は実用化したいと思っても、労力を集中することができないジレンマにあります。企業の有志が集まり、実用化することになれば、喜んで協力するでしょう。大学からのイノベーションは政府の研究予算もあり、資金的補助も受けられる可能性があります。知的財産権（特許）を誰が保有するかなどあらかじめ決めなければなりませんが、個人的関与であれば企業―大学間のライセンス／共同研究契約のような、組織対組織間の難しい問題も起きません。

　顧客に提示できるレベルのプロトタイプを完成させ、売れそうかそ

うでないかを議論できるようになれば、もちろん、売れそうだという印象にならなければ意味はありませんが、その段階で経営陣に新規事業として提案すれば、共同研究を開始したいと提案するよりも前向きになるでしょう。新規事業として認知されてから大学からライセンスを受ければ、問題はないでしょう。実は、このようなファジーなプロセスは、現在、やりにくくなっている大学もありますが、企業も大学もフランクな付き合いをしていた昔は一般的なものでした。

5．Bootlegイノベーションの薦め

　闇研のことを欧米では「Bootleg」と呼びます。語源は密造酒のことで、計画なしの研究開発とか、組織から認知されないプロジェクトとかを言います。学術的イノベーション研究でも、この言葉をキーワードに検索するとたくさん出てきます。闇研という言葉は、闇という暗いイメージになりますので、この言葉の方が使いやすいと思います。
　イノベーションのアイディアは、計画的に生まれるわけではありません。まさに、セレンディピティがつきものであり、どのようなアイディアが生まれるかを予測することはできません。予測できるアイディアや技術は、すでに知れ渡っている技術であり、それを事業化しても二番煎じであり、実用化に成功しても独占的収益には結びつかないでしょう。新規事業のネタは、聞けばなるほどと思っても、今までは気がつかなかったアイデアや発見であるから貴重なものとなります。
　このBootlegイノベーションを制度化している企業があります。認知しないものを制度化するというのは矛盾ですが、組織全体からのセレンディピティを期待して、自由勝手に研究してくれと言うメッセージを制度的に定めたと言えます。いつも自由勝手にでは、毎日遊んで暮らして給料をもらう社員が出てしまいますので、歯止めが必要です。
　ポストイットで有名なスリーエムという企業は、研究者・技術者に勤務時間の15％を自分のアイディアを追求する研究に使って良いとい

う制度を定めています。その成果として結果が出たら、社内で議論し新規事業として認めたら、提案者がリーダーとなって新規事業開発を推進できるというものです。この企業は、ベストセラーとなった J. C. コリンズ（1994）のビジネス書『ビジョナリー・カンパニー』の中で最も優れた企業に位置づけられています。

ポストイットも15%制度の賜物で、かつ Bootleg 開発です。はがれる接着剤を開発したシルバー氏の相談相手となったフライ氏が、教会で讃美歌集を開くときに目印のしおりが落ちてしまった。彼はひらめいた。しおりに使える。自宅の地下室に製造設備を作り、試作品を会社の秘書に使って貰い、評判を得ました。最初は売れませんでしたが、マーケティング部門が、『フォーチュン』誌掲載の「年間売上げ上位500社」の秘書仲間に３Ｍ会長秘書の名で〈ポストイット〉ノートのサンプルを送っていたのです。これが評判となり事業が軌道に乗りました（以上、スリーエムのホームページ参照）。

スリーエムの制度が素晴らしいのであれば、それは他の多くの企業に普及しても良さそうです。でも、グーグルなどは導入していますが、なかなか一般的にはならない。『ビジョナリー・カンパニー』でも、100年続く素晴らしい企業の特徴は、それぞれ固有の文化を持っていると言っています。善し悪しは別にして、固有文化を無視して新制度を導入しても、制度が形骸化して有効に機能しないでしょう。終身雇用・年功序列の日本の大企業の人事慣習は、崩れつつあるといってもまだまだ基本的なところでは変わっていません。その文化の中で、15%制度を導入しても、自由時間が増えただけの成果が出てこない結果に終わるかもしれません。

デフレ環境のなかで、徹底したコスト削減、経営合理化を進めてきた多くの日本企業において、時間的ゆとりなど社員は持てないかもしれません。一方、社内の雰囲気として公私の明確な切り分けがない、ファジーな状況も共存しています。何か新しい事業を追及したい、アイディアはある、しかし、周りの同僚や上司は興味を示さない、とい

4 挑戦なければセレンディピティもない

う状況の時に、諦めてしまうか行動を起こすかの判断が必要になります。

芝浦工業大学の工学マネジメント研究科（MOT）は授業の一環として公開講座「MOT トップセミナー」を開催しています。企業の研究開発責任者だった講師が研究開発戦略のテーマで講義し、その後に、ある企業の中堅技術者が「経営陣がイノベーションに関する理解がなく、新規事業提案をしても意味がないとき、社員は如何すればいいか？」との質問がありました。極めて素朴で悩みを吐露した感じですが、講師は返答に苦慮しつつ、少しずつ議論の輪を広げていく活動が必要ではないかと、返答しました。質問者は多分、内心「少しずつ議論の輪を広げるうちに、我が社の業界地位は落ち始め、取り返しがつかなくなってしまうかもしれない」という不安を感じたのではないかと思います。私が答えるわけにはいきませんので、黙っていましたが、「経営陣に関わらず、自分たちで仲間を作り、Bootleg イノベーションプロジェクトを立ち上げればいいのに」と心に呟きました。

勤務時間外まで仕事をするなど論外だと思う人と、時間外でも頑張ると思う人がいるでしょう。組織的指示に基づく業務ではありませんから、時間外でもやりたいと思う人のみが集っても問題はありません。自分達のアイディアを実現したいという夢を共有して集まるわけですから、同じ趣味を持つ人が集まることと変わりはありません。

ただし、アイディアの内容はしっかりしたものである必要があります。インテルの研究などで著名なバーゲルマン（1986）は、次の3つが提案として重要であると言っています。

①技術力：模倣でなく、独創的で競争力のある技術のことで、新サービスの場合は容易には他社が追随できない専門性やノウハウがあることです。

②市場の需要：類似製品が存在しない新規事業の場合、需要予測は不可能であり、大企業などはリスクを恐れて着手しない。試作品を作り、多様なユーザーに使ってもらい、需要があることを示す

エビデンスをそろえる必要があります。
③企業の利益：一般にこの点を見失いがちです。企業には得意な分野があり、現在の事業の領域を事業ドメインと言いますが、このドメインとの接点がない事業は、それがいかに優れていてもその企業の事業としては不向きです。試作段階で儲かりそうな事業だと確信を持ったとしても、それを生産現場で実行し、販売チームが受注しなければなりません。企業の社員が不慣れな製品を導入しても、その経営資源を生かすことができません。新規事業と言っても、企業の事業ドメインに関連し、収益の上がる提案でなければなりません。時間外であるから既存事業には関連しなくてもよいと思ってしまったら、やはりそれは趣味のサークルであるか、脱藩を決意した不穏な集団と思われてしまいます。

　日本の組織は公私の区別があいまいです。時間外であるからと言って、会社に楯突く集団と思われては、村八分になってしまいます。仲間以外とのコミュニケーションが大切であることは言うまでもありません。

　以上のように、自己実現を自らのアイディアを実現する目標にしたい場合、それが会社の事業ドメインに合致している場合、諦めない情熱が持てるのであれば、Bootleg イノベーションを実行することで、元気になれます。経営陣や上司の悪口を地下の居酒屋で嘆くのみでは、ストレス発散になっても果実は生まれません。アイディアを実現に向けて前進すれば、必ずやセレンディピティの女神が微笑んでくれるでしょう。

【参考文献】
R.M.ロバーツ（1989）『セレンディピティ——思いがけない発見・発明のドラマ』安藤喬志訳、化学同人、1993年
ヘンリー・チェスブロー（2003）『OPEN INNOVATION』大前恵一郎訳、産業能率大学出版、2004年

4 挑戦なければセレンディピティもない

スタンフォード大学発ベンチャー企業のリスト
　http://otl.stanford.edu/about/resources/about_equity.html
ジェームズ・C.コリンズ、ジェリー・I.ポラス（1994）『ビジョナリー・カンパニー——時代を超える生存の原則』山岡洋一訳、日経BP社、1995年
ポストイットの開発物語（スリーエムのホームページ）
　http://www.mmm.co.jp/develop/story2-1.html
R.A.バーゲルマン、L.R.セイルズ（1986）『企業内イノベーション——社内ベンチャー成功への戦略組織化と管理技法』の第3章の「発明からイノベーションへ」海老沢栄一、小林肇、小山和伸訳、ソーテック社、1987年

5 グローバル知的財産戦略

田中 秀穂

　知的財産権は様々な知的活動の成果に関わる権利の集合体です。ビジネスに関わるものとしては意匠権、著作権、商標権などの権利が含まれますが、その中でも発明を保護する特許権の制度の存在についてご存じない方はいないと思います。本章では、特にこの特許権に関して日本企業のグローバル戦略における課題を考えてみることにします。

　特許権等の知的財産権制度は、時代によって少しずつ性格を変えてきました。世界で初めてヴェネチア共和国で発明された特許制度は、もともとは有用な技術を外国から引き寄せるための制度でした。ヴェネチアにとって有用でかつ新規な技術を持った海外の職人に対して、その技術についての特権を付与することで、ヴェネチアに優秀な職人を集めるインセンティブとしたのです。つまり技術を外から内へ導く制度でした。

　しかし経済のグローバル化が進展した現代においては、特許制度は創出した科学技術成果の事業化を国内のみに留まらせることなく海外にも広げ、グローバルに事業展開するために活用されるべき制度として捉えることが重要です。技術を内から外へ展開させる制度としての利用です。グローバルでの事業展開にはグローバルな知的財産戦略が必要なのです。しかし、その点で我が国はいまだ発展途上であると言わざるを得ません。

　特許権は発明に対して付与される財産権であり、特許権の権利者はその特許発明について製造や販売を行ったり、特許権の実施を他者に

許諾したりすることができます。グローバル知的財産戦略が機能しているかどうかを測ることは簡単ではありませんが、その一部は特許発明を用いた製品の販売状況や特許実施許諾（ライセンス）の状況を調べることで把握することができます。まずは我が国と外国との特許実施許諾の状況を示す技術貿易の収支からその点を見ていきましょう。

1．日本の技術貿易収支

　第1章において我が国の経常収支の問題が取り上げられました。前述の通り、経常収支は貿易収支、サービス収支、所得収支、経常移転収支で構成されており、2011年においては貿易収支、サービス収支、経常移転収支が赤字となりました。特に貿易収支の赤字転落に注目が集まっており、2012年1月においては初めて1兆円を超す大幅な赤字となったのです。一方、サービス収支は輸送、旅行、特許料の受払などから構成されているものですが、輸送や旅行などの項目は長い間継続して赤字が続いています。しかし、実はサービス収支の全ての項目が赤字であるわけではないのです。

　サービス収支のうち特許料などの受払の部分、いわゆる技術貿易収支については、我が国は近年黒字に転換し、2011年においても7,901億円の黒字でありました。黒字に転換した時期は、総務省の統計「科学技術研究調査報告」によれば1993年、日銀の国際収支統計によれば2003年と時期は10年前後ずれていますが、いずれの統計によっても近年の技術貿易収支は黒字を保ち、またその黒字幅は拡大を続けていることが示されています。技術貿易収支が黒字である国は少なく、アメリカが長期にわたって大幅な黒字を続けてきたことは例外的です。そのほかの国ではイギリス、ドイツ、フランスなどの一部の先進国が近年黒字を保っているのみで、韓国など新興国の技術貿易収支は赤字を続けています。このことは、世界的に見て日本の科学技術力が高く、その権利化においても一定の成果をあげていることを示しています。

5 グローバル知的財産戦略

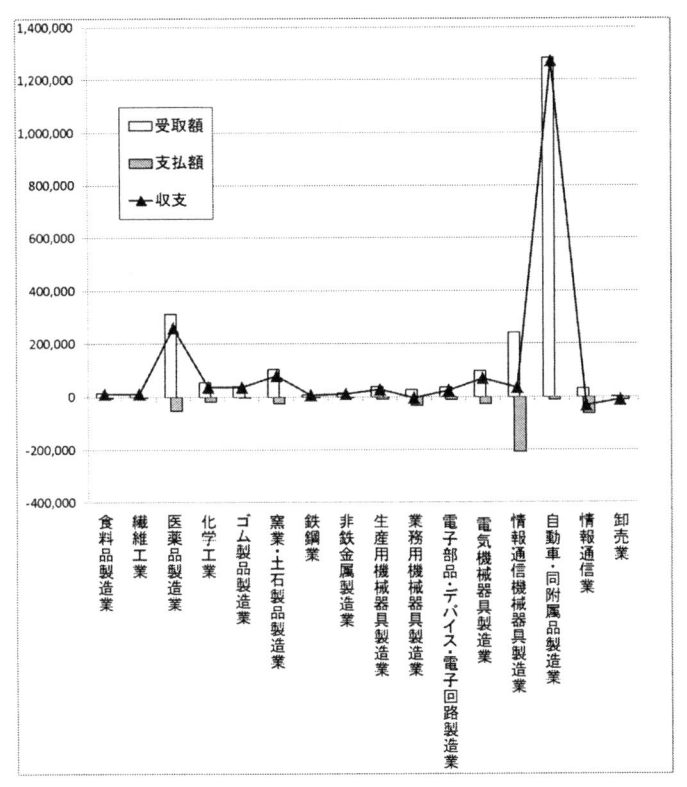

図1 主要産業分野別の技術貿易収支（2011年、総務省データから作成、単位百万円）

なお、この技術貿易収支には海外子会社と国内の親会社間の取引も含まれており、日本の黒字の7割程度は日本の親会社による海外子会社との間の取引による黒字です。一方、アメリカはその比率は小さく半分以上が親子会社間以外の取引であり、日本に比しアメリカの黒字の実質的な意味は大きいことが知られています。日本にはまだまだ技術貿易収支の改善を図る余地は大きいとも言えましょう。

次に2011年の技術貿易収支を、総務省データで産業分野別に見たの

が図1です。まず、技術貿易収支は全体としては黒字ですが、収支は産業分野別にみると大きな差があり、500億円を超える黒字を達成しているのは自動車産業を筆頭に、医薬品製造業、窯業・土石製品製造業、電気機械器具製造業に限られることがわかります。情報通信機械器具製造業の特許料受取額は2,400億円余りと大きくなっていますが、一方支払額もかさみ、収支としては大きな黒字にはなっていません。

前述のように技術貿易収支は、海外子会社との取引が含まれていてその比率は産業によって異なるので、産業分野間の技術力そのものを示すとは言い切れませんが、少なくとも自動車産業は1980年代から継続して黒字となっており、技術面でも日本を代表する産業であることはデータから見て取ることができます。なお、子会社との取引を除いた2011年の受取額で比較すると、自動車産業の約2,140億円に対し、医薬品製造業が約1,900億円と健闘しています。

言うまでもなく、特許は科学、技術の成果の権利化と行使を通じて利益を最大化するための重要な経営ツールであり、海外に支払う特許料よりも海外から支払を受ける特許料の方が高いということは、科学技術創造立国を目指す我が国の戦略が機能していることを示しています。今後も我が国の技術貿易収支が黒字を拡大し続けるためには、科学技術力のさらなる強化に加えて、特許などの知的財産をグローバルにマネジメントすることが求められるのです。

知的財産をグローバルにマネジメントするといっても、実は国際特許という制度は存在しません。工業所有権の国際的な保護のために作成された条約であるパリ条約によって、特許制度は各国の特許の独立の原則が規定されています。すなわち、特許権制度は各国ごとに独立したものであって、各国において与えられ、各国内でのみ有効な制度なのです。よって、科学技術の成果を権利として保護する特許権は、グローバル事業を展開する地域各国それぞれにおいて権利の取得を図る必要があります。そして各国での権利化のアウトカムが技術貿易収支として現れるのです。各国での特許の取得件数は、その企業の技術

5 グローバル知的財産戦略

展開力をグローバルに測る一つの指標となるわけです。

では、日本企業の特許権の取得状況はどうなっているのでしょう。我が国の国内での特許出願件数は、平成以降、40万件前後で推移し、その8割以上は日本国籍の企業によるものです。出願人国籍の各国別の特許出願件数では日本は断然トップを保っています。日本企業の日本国内への特許出願数でみれば、技術の覇権を握り安定した地位を保っているかに見えるのです。しかし、前述のパリ条約の説明のようにこれらの特許権は日本国内においてのみ有効な権利であり、海外における権利はこの数字では把握できません。では、海外における状況はどうでしょうか。その統計を示す前に、日本企業の海外戦略について一抹の懸念を抱かせるニュースにまず触れようと思います。新幹線技術の中国の特許問題です。

2．新幹線技術の中国特許問題

新幹線は、我が国が世界に誇る技術の一つであることは間違いないでしょう。フランス、ドイツなども高速鉄道については高い技術を開発してきており競合は激しいですが、新幹線技術をグローバルに展開して貿易収支、技術貿易収支に貢献することは誰しも期待していることであると思います。

我が国は2004年に川崎重工業などの日本企業連合体が中国において高速鉄道車両プロジェクトを落札し、東北新幹線「はやて」型車両の技術供与契約を締結しました。2007年には川崎重工業が技術供与した時速300kmの高速鉄道車両「CRH2」が運行を開始しました。しかしその後、川崎重工業から技術供与を受けて「CRH2」の製造を行っている中国国有大手企業の南車集団が、2010年に川崎重工業の技術をベースに独自開発したとする時速380km仕様の「CRH380A」を発表したのです。この「CRH380A」の外観は「はやて」によく似ているのですが、技術についても川崎重工業の関係者はモーターの出力以外に

基本的な構造に変化はないと指摘しているといいます(日本経済新聞2011年7月17日)。

　中国側は、この中国版新幹線を独自技術によるものと主張し国威発揚を狙っているとされています。そしてそれを裏付ける目的で、車両技術21件についてアメリカなど海外への特許出願の手続きを行ったという報道がなされています。どのような内容の出願がなされたのかは出願公開の時期まで待たなければわかりませんが、日本側は日本の技術が出願されていることを危惧しているのです。

　しかし、中国側が日本の技術を出願したとしても、日本企業が中国を含む海外においてもきちんと特許権を押さえておけば、少なくとも重大な問題はないはずです。中国側が日本企業と同様の技術の出願を行っても、日本の出願が先行技術となり登録を受けることができないからです。ところが、日本企業は中国に技術供与した新幹線技術の一部について、海外には特許出願を行っていなかった可能性があるというのです。実際、IPC(国際特許分類)で B61 という鉄道に関連する技術分野を示すコードを含む特許数を検索すると、川崎重工業が海外、例えば中国やアメリカに出願している特許数は、同社が日本国内へ出願している特許数に比べて非常に少ないことがわかります。

　もし本当に日本企業が海外への重要な特許の出願を怠り、技術供与した海外企業がその技術を日本以外への出願を行ったとしても、それが登録になるとは限りません。また、中国が海外で高速鉄道技術を売る機会は、2011年7月の高速鉄道事故などを考慮すれば、現時点では可能性は高くなく、日本企業にとっての海外でのビジネスの脅威となるかどうかはわかりません。しかし日本企業が海外で事業展開する際の障害となるリスクが増えることになることは間違いないでしょう。グローバルでの事業展開に必要な知的財産戦略を実行するという点で、日本企業に詰めの甘さが残っている可能性をこの事件は示しているのです。

　では、日本が高い技術力を有している新幹線以外の分野においては、

5 グローバル知的財産戦略

日本企業のグローバル知的財産戦略はどのような状況でしょうか。それを日本特許庁が発表しているデータを使って次に見ていきます。

3．日本企業の海外特許出願動向

まず、日本企業が海外に出願している特許総数を見てみます。世界知的所有権機関の統計によると、2010年に各国国籍の出願人が出願した特許件数（全ての国への出願を合計したもので合計約190万件）を、その出願人国籍ごとに分類すると、最も出願件数が多いのが日本で約46万件に上ります。マクロに見れば日本は海外へ一定レベル以上の特許出願を行っているように見えます。では個別の技術分野ごとで見たときにはどうでしょう。それを特許庁が公開している特許出願技術動向調査等報告のデータを利用して考えてみます。

日本特許庁は企業に有用な情報を提供することを目的として、特許情報にもとづき、日本の産業が優位、あるいは劣位にある分野等について分析を行った特許出願技術動向調査等報告書を平成13年度から発行しています。毎年度、一般、機械、化学、電気・電子の領域から計10件前後の技術分野を選択して調査を行っています。内容は、技術の概要説明から始まり、特許動向を全体動向、技術区分別動向、出願人別動向などの視点で分析し、さらには研究開発動向として学術論文発表などの状況についても報告している大変有用な調査報告です。

この特許出願技術動向調査等報告書中の出願人別動向調査データに注目し、各国企業のグローバルでの特許出願行動について分析を行ってみました。分析対象としては、報告書の発行から長い時間が経過しているものについては最新の状況を反映していない可能性があるので、最近の3年間である平成20年度、21年度、22年度に発行された技術分野を対象としました。さらにこの中から、日本企業が日本国内で特許出願を積極的に実施し、国内では日本企業が技術覇権を握っている考えられる技術分野を選択するため、日本国内の出願人別出願件数ラン

表1 電池の充放電技術に関する特許出願 2002年から2008年の出願における出願人別出願件数上位ランキング

順位	日本への出願		米国への出願		欧州への出願		中国への出願	
	出願人名称	出願件数	出願人名称	出願件数	出願人名称	出願件数	出願人名称	出願件数
1	トヨタ自動車	613	トヨタ自動車	183	ローベルトボッシュ(独)	287	トヨタ自動車	148
2	パナソニック	601	ソニー	165	シーメンス(独)	224	ソニー	127
3	三洋電機	342	パナソニック	143	トヨタ自動車	165	パナソニック	90
4	ソニー	296	三洋電機	132	リサーチインモーション(加)	96	LG電子(韓)	87
5	日産自動車	240	サムスンSDI(韓)	115	SEWオイロドライブ(独)	95	三洋電機	83

キング表において、上位5出願人を全て日本企業が占めている技術分野である31の分野を選びました。

例として、この中の一つの技術分野である「電池の充放電技術」について、2002年から2008年の出願における出願人別出願件数上位ランキングの一部を示したのが表1です。この技術分野の出願人別特許出願件数は、日本への出願においては上位5出願人を全て日本企業が占めています。すなわち特許出願件数で見る限り、電池の充放電技術に関しては日本国内では日本企業が圧倒的に強いと見て取れます。一方、アメリカ、中国への出願では韓国企業が1社ずつ入っており、また欧州への出願では、日本企業は3位に1社入っているのみで、1、2、4、5位は他国企業がランクインしていることがわかります。各企業は、自社の国籍国に相対的に多く出願する傾向があることは十分想定されますが、この技術分野の場合、日本企業はアメリカ、中国に対しては積極的に特許出願を行い、これらの地域で権利を確保していることがわかる一方、欧州においては欧州企業などの出願行動が積極的で、日本企業のこの分野での権利取得という点では必ずしも覇権を握ることができていない可能性があることがわかります。

このように、日本への出願状況だけを見たら日本企業がその分野で

5 グローバル知的財産戦略

非常に強い力を持っているように見えても、他の地域への出願も合わせ見ると、状況が異なる場合があるわけです。そこで、これらの日本への特許出願件数で日本企業が上位5社を独占している31の分野について、次の3つの類型によってさらに分類してみたものが表2です。

①米欧中でも日本企業が出願数上位を占めておりグローバルに日本が覇権を握っている分野（米欧中で上位3社に日本企業2社以上）
②米欧中いずれか1極で出願数上位を取れていない分野（欧米中いずれか1極で上位3社に日本企業1社以下）
③米欧中の2極以上で出願数上位を取れていない分野（欧米中2極以上で上位3社に日本企業1社以下）

表2 日本企業による各先端技術分野における日米欧中での特許出願の状況

①日米欧中で日本企業が出願数上位を占めている分野	
デジタルカメラ装置	電子写真装置の定着技術
太陽電池	電気推進車両技術
縁なし印刷技術	リチウムイオン電池
音楽制作技術	多層プリント配線基板
電気化学キャパシタ	有機EL表示装置の駆動技術

②米欧中いずれか1極で出願数上位を取れていない分野	
レーザ加工技術	ネットワーク関連POS
電池の充放電技術	サプライチェーンマネジメント
グリーンパワーIC	

③米欧中の2極以上で出願数上位を取れていない分野	
立体テレビジョン	ゴルフクラブ及びゴルフボール
幹細胞関連技術	導電性ポリマー関連技術
無線LAN伝送技術	マイクロアレイ関連技術
光触媒	多用途免振・制振・除振システム
暗号技術	情報機器・家電ネットワーク制御技術
フォトマスク	インターネット社会における検索技術
LED照明	バイオベースポリマー関連技術
加速度センサ	トイレの洗浄装置

表2を見ると、日本企業が日米欧中で特許出願数の上位を占め、グローバルに技術覇権を握っているとみられる分野は10あるのに対し、日本以外の地域では他国企業に特許出願数で負け越している分野が16あることがわかります。この中には光触媒など、日本企業が先進的に

技術開発を成功させた分野も含まれています。こういった技術分野で日本企業が国内での特許出願のみに集中し、海外での特許出願が疎かになっているのだとしたら、もう一度、知的財産戦略について見なおす必要があるのではないかと思われます。ここにあげた31の分野全てにおいて、日本のみで事業展開することに合理性があるものはないと思われます。すなわち、いずれの分野もグローバルな事業展開を行うことが、科学技術力を活かして利益を最大化するためには必須であり、グローバル知的財産戦略の構築と実行は避けて通ることはできないということです。

一方、日米欧中4極全てにおいて日本企業が特許出願数上位を独占している分野は、技術開発力のみならず、グローバルな知的財産戦略実行能力においても手本とすべき分野であると考えられます。例えば、テレビなどの日本の家電製品が急速に世界シェアを落としている中でも、デジタルカメラ装置は日本企業がグローバルでの市場覇権を握り続けている分野ですが、特許出願の状況を見てもグローバルに技術の覇権を握っていることがわかります。上位にランクインしている企業名を見ても、どれも知的財産戦略に力を入れている企業が並んでいます。

ただし、一部の分野では特許出願数では海外でも優勢でありながら、事業としては海外で大きなシェアを取ることができていない分野もあります。例えばリチウムイオン電池の分野では、日本企業の特許出願行動は大方グローバルに展開されており、日本企業は世界におけるリチウムイオン電池関連特許のおよそ2／3を占めています。ところが、リチウムイオン電池の日本企業の世界市場シェアは約35％に留まります。一方で韓国企業は、特許シェアでは約14％と日本企業より少ないのに対し、市場シェアでは約39％と日本よりも高くなっています。同様の傾向は太陽電池の分野などにおいても見られます。当然のことながら技術と特許だけで事業の成功をもたらすことができないことも明らかです。

4．新興国の追い上げ

さて、冒頭でも述べたように我が国は貿易赤字転落の瀬戸際に立たされていますが、一方で、新興国各国は輸出を急速に拡大してきています。ブラジル、中国、ドイツ、インド、日本、韓国、イギリス、アメリカの8ヵ国について、2001年からの輸出額推移を、2001年の輸出額を1としたときの比として表したのが図2です。韓国、インド、ブラジルの輸出額の伸長は著しいものがありますが、中でも中国はこの10年で急速に輸出額を増やし、2009年には世界第1位に躍り出ました。他の新興国も含め、この流れは当面変わることはないでしょう。日本は20世紀には世界第3位の輸出額を誇っていましたが、2004年に中国に抜かれ現在は第4位に後退しています。資源などの輸入額の増加も相まって、日本の貿易収支が大きく好転することは難しい状況です。

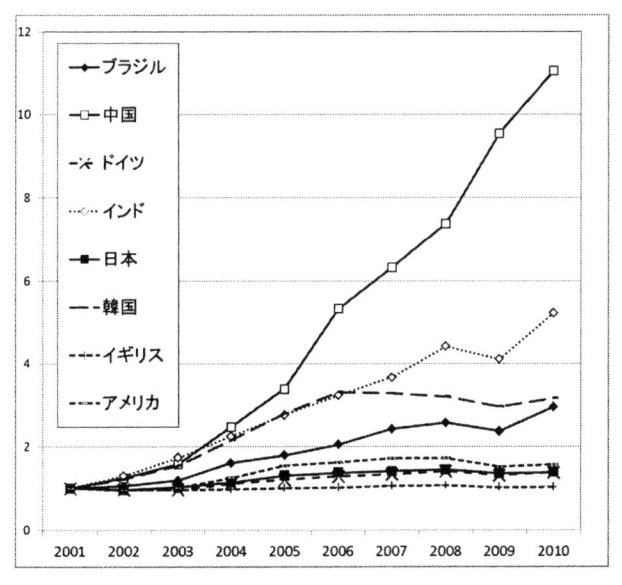

図2 各国の輸出額推移（2001年の輸出額を1としたときの比、WTOのデータから作成）

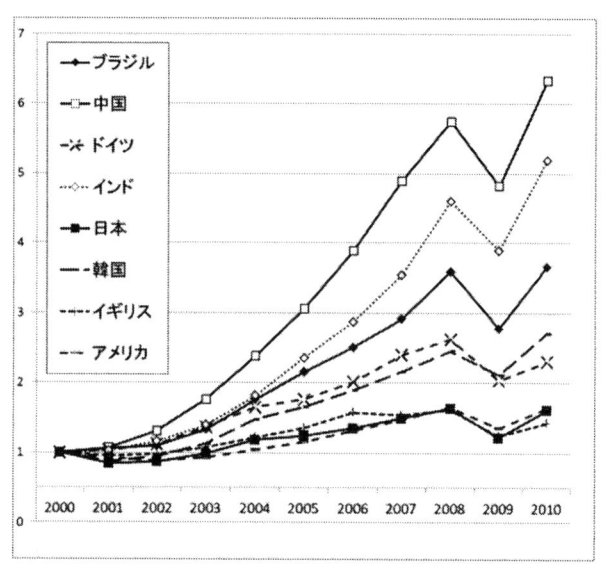

図3 各国出願人による国外への特許出願件数推移（2001年の出願件数を1としたときの比、WIPOデータから作成）

　一方、これら新興国の技術貿易収支は、先進各国には遠く及ばない状況が現時点では続いています。2010年の技術貿易収支の支払超過国を見ると、支払超過額の第3位が中国、4位が韓国、10位がブラジル、11位がインドであり、他にも支払超過額上位に新興国が名を連ねています。またこれらの国の技術貿易収支推移を見ると、支払超過額は拡大傾向にあり、例えば中国とインドは2000年から2010年の間に支払超過額が約10倍に拡大し、韓国、ブラジルも2倍程度に拡大しているのです。技術貿易収支だけを見れば、新興国が追いついてくるまでにはまだ時間がかかると考えることもできるかもしれません。

　しかし、これらの新興国は徐々に技術力を高めつつあるとともに、特許出願においても少しずつ存在感を高めてきています。図2で輸出額推移を示した8ヵ国について、2001年の各国出願人による国外への

特許出願数を1として、その後の出願数推移を比で表したのが図3です。ここでもやはり、新興国の伸長が顕著です。ブラジル、インド、中国が2010年において2001年との比で3以上となっているのに対して、ほとんどの先進各国の比は2以下に留まっています。そして図2と図3を並べてみれば2つの指標の動きが似通っているということはすぐに気付かされます。さらには、個々の技術分野で見れば新興国の伸長速度はもっと早い分野があるはずであり、日本の得意分野が浸食されることも充分にあり得ます。新興国が輸出の拡大を続け先進国が貿易収支での赤字に悩まされるような事態のみならず、将来は技術貿易収支の視点においても新興国は先進各国にも脅威となる可能性があるのです。

　日本としては科学技術力で一日の長が残っている間に、そのアドバンテージを最大化するための戦略を構築、実行することが重要です。知的財産戦略はその中でも最も重要なもののひとつであることは間違いありません。グローバルな事業展開を支える戦略構築が急がれるのです。

5．「科学技術立国」、「貿易立国」、「知的財産立国」、そして

　我が国には資源が少ないので、科学技術力を高めることで世界と戦う「科学技術立国」を目指すべきである、というスローガンは多くの日本人が小学生の時から聞かされ続けてきた、日本人なら誰しも頭に染み付いているものです。そしてそれは日本が先進国として発展していくために大きな役割を果たしてきました。また「貿易立国」のスローガンも叫ばれ続け、この点でも日本は成功した国家となり、科学技術力を生かして競争力のある製品を生産し輸出額を伸ばして貿易黒字を保ってきました。さらには21世紀に入って以降、「知的財産立国」というスローガンも登場し、科学技術による成果を知的財産権で守って利益の最大化を図る戦略構築に力を入れてきました。

しかし経済のグローバル化が進み、各国間の力関係が複雑になっていく中で、単純なスローガンに従う思考回路では世界と戦うことが難しくなってきています。例えば環太平洋戦略的経済連携協定（TPP）への参加交渉においても、単なる貿易自由化という視点だけではなく、知的財産権制度を戦略的に有利に働くように協定の中に組み込んだり、原産地規制や政府調達の問題も絡めて全体として最適なルール化を図る等、日本が持つ力を経済活動に最大限に生かせるものにしなくてはなりません。

　科学技術への投資はもちろん基礎として重要、貿易でも稼がなければならない、知的財産権保護も必須です。これからはそのような視点全てを盛り込んだ統合的な戦略構築とその実行を、グローバルなレベルで行うことが求められています。価値ある優れた技術を見極め、世界で通用する製品やサービスを創り出し、グローバルに事業展開可能なビジネスモデルを練り上げて、そこから生まれる価値を最大化するためにぬかりなく知的財産権をフルに活用する、そんなオールラウンドな技術経営人材が活躍しなくてはならない時代です。「科学技術立国」、「貿易立国」、「知的財産立国」を統合し進化させた「価値創造立国」の視点こそが、これからの日本に必要なのであろうと思います。

【参考文献】
日本銀行関連統計　http://www.boj.or.jp/statistics/index.htm/
総務省　科学技術研究調査　http://www.stat.go.jp/data/index.htm
日本経済新聞　2011年7月17日記事　「中国版新幹線　日中の火種に」
世界知的所有権機構　http://www.wipo.int/portal/index.html.en
特許出願技術動向調査報告
　http://www.jpo.go.jp/cgi/link.cgi?url=/shiryou/gidou-houkoku.htm

6 日本のラグジュアリー・カーづくりへのヒント

堀内 義秀

　ものづくり再興をめざす日本は、何か今ひとつ元気がないという印象があります。そこで、ラグジュアリー市場を目指す日本の企業に、デザイナー、自動車評論家などの意見やラグジュアリー製品に関する研究から得られたヒントを、ラグジュアリー・カーを例として提供したいと思います。

　手ごろな価格で良品質な中級車、アッパークラスの自動車の分野では、韓国、台湾、中国などの追い上げが心配されます。一方、ラグジュアリー・カーの分野では、ドイツ、イタリア、イギリスなどの製品に対して日本の車も時々綺羅星のような傑作車を生み出したりしてよく健闘していますが、なかなか対等とまでは行っていないような印象を受けます。機能、「高級感」などと価格の間にリニアな関係を想定した、今までの日本のものづくり——つまり、高価格にするための主に高機能の追求——では、だんだんと閉塞状況に追い込まれてゆくのではないでしょうか。韓国、中国、台湾、インドなどは、中程度の妥当な価格で十分に品質の高い製品をこれからどんどん出してくるでしょう。

　一方で、日本製品の高級化路線にも足踏みが見られます。高品質でその割りにお買い得という路線で成功してきた日本製品は、これから何を目指したら良いのでしょうか？　一風変わった、創造的な製品を開発して差別化を図るのでしょうか？　それとも、もっと高級化を目指しますか？

そこで、戦略的観点から、(できれば、日本の文化、製品の特徴などをうまく活かした) ラグジュアリー・カーづくりの新しい活路を開けないか、ラグジュアリーに関する研究をもとに考えてみたいと思います。なお、ラグジュアリー製品については、その生まれた国の特徴や、市場の特徴など、国や文化などによりいろいろと違う点もありますが、ラグジュアリー製品、特にラグジュアリー・カーの購買について、文化を超えて見られそうな傾向について本章では考えてみることにします。

まず、筆者の研究から、内在的な価値と外在的な価値を以下のように定義します(Horiuchi 1984、堀内 1987)。

内在的価値 (stylistic または intrinsic value):

それ自体であるために生じる価値、スタイル、好み。

機能的価値 (functional value または extrinsic value):

何かするための効率、能率の価値。(堀内 1987、p. 528)

筆者はラグジュアリー商品を以下のように定義しました (Horiuchi 1984、p. 9)。カプフェレ、バスティアン著 長沢訳 (2011、pp. 78-108)はラグジュアリーの概念について深く掘り下げていますが、おおまかな方向には堀内の定義とはかなり共通点があるようです。

1. 内在的価値、外在的価値の一方、あるいは両方によって判断した時にその製品カテゴリーで最良の製品の一つであること。
2. その製品カテゴリーで最も高価であるか、極めて高価であること。
3. 「最良の」商品を所有するか使用する内在的な満足感をその消費者に与えること。
4. 生存や健康にとって必要不可欠なものではないこと。

カプフェレ、バスティアン著、長沢訳 (2011) は、ラグジュアリー・カーと上位プレミアム・カーを以下のように説明しています。両者をうまく説明していますので、少し長くなりますが、引用します。

「ラグジュアリーはハイエンドのもっと上の範疇ではない。ラグジ

6 日本のラグジュアリー・カーづくりへのヒント

ュアリーと上位ラインの商品は、同じ軌道（trajectory）には乗っていないのだ。その両者の基準（criteria）は同じではない。上位ライン車種は、価値の多さ、快適さ、トランクの広さ、操縦性など、顧客……厳密には上位ライン車種の顧客によって定められる基準で判定される。ラグジュアリー車においては、その基準を決めるのはメーカー側のクリエイターである。……（中略）……ラグジュアリーは、閃き（inspiration）にもとづき、評判を吹聴する現代のラッパ吹きであるメディアの耳目を集める挑戦であると考えられ、また創られるものである」(pp. 84-85)

「ラグジュアリーは最高無比である(p.89)」、「ラグジュアリー車と言って思い浮かべるのは、その製品価格、特質（quality）に由来する希少さ、そしてブランド名の名声である。また、これらは、神聖な（sacred）製品あるいは車種であり、神聖なブランドの所産である」(p.90)

そして、例としてロールス・ロイスやアストン・マーチンを挙げています。

「上位プレミアムブランドは、その卓越さ（excellence）に対して理性的な理由で評価され選ばれることを望んでいる。……（中略）……どんな上位プレミアム車でも、その価格は効用曲線により筋が通ったものになる必要がある」(p. 89)

例としてはアウディやレクサスを挙げています。筆者の博士論文の研究でも、ラグジュアリーは比較するもののない製品で、それが、他の製品に対して合理的、理性的な理由で優れていることを売りにする上位プレミアムブランドとの違いだということがわかりました。

1．問題提起：コモディティ化した自動車

日本のラグジュアリー製品やハイエンド製品を見ていると、その外在的な価値を論理的に考えて、たとえば従来のモデルより燃費を２割

改善しました、というような努力をしているのはよくわかります。しかし、外在的価値以外の側面、たとえばデザイン、車内の雰囲気なども、どうも合理的、論理的に考えているような印象を受けます。つまり、おおよそ2割くらい車内の雰囲気がよいデザインになったら、顧客はそれに見合った2割の価格上昇は受け入れてくれるのではないか、という期待です。これは、カプフェレ、バスティアン著 長沢訳（2011）に出てくる「上位プレミアム」（この本ではアウディ、レクサスなどを例に挙げています）には当てはまるでしょうが、その上のラグジュアリー車（アストン・マーチンが例として挙げられています）には当てはまらないというのが、この本の主張であり、筆者の研究での知見でもあります。筆者の研究は、どうやってある製品がラグジュアリーグッズとして顧客に認められるか、というプロセスのシステムを明らかにしました。

　この、ラグジュアリーのカテゴリーに何とか入ろうしているのが、レクサス、インフィニティ、アキュラなどの日本車の上位ブランドであり、グランドセイコーやザ・シチズンのようなセイコーやシチズンにとっての最上位の腕時計ではないでしょうか。

　恩蔵直人（2012）は、コモディティ化について、「最近は、本来、差別化されるべき商品にも、差別化が困難な状況が出て来ました。…（中略）…今までのマーケティングは、製品を差別化できることが前提でした。」と述べています。自動車は、必要とされる性能を多くの車種が十分に満たせるコモディティ的な商品になってきました。テレビや冷蔵庫と同じで、少なくとも、日本の主要なメーカーの自動車は、まともに動くのがあたりまえの商品になりました。1960年代くらいまでは、平凡だがまともに動く実用車、速いが壊れやすく維持費の高いスポーツカーなど、一点豪華主義の車が多かったと思います。今や、自動車は、壊れにくく、高速道路も問題なく走れるのがあたりまえになりました。

（1）シンボリックな表現の価値（Symbolic Expressive Quality）

　Arnheim（1971)によると、デザインの物理的な寸法ではなく、その表現的な価値（expressive quality）は、観察者にある意味を伝えます。ある物体の動的な価値（dynamic qualities）は、私たちが直接知覚する構造的な特性のことです。

　この知見は、顧客へのカメラの外観の内在的なアピールの、顧客による評価に新しい側面をもたらします。つまり、カメラのデザインのシンボリックな表現の特性です。ある種類のカメラ、特にライカは、頑丈なだけではなくて、見るからに頑丈そうな形をしています。すなわち、このカメラのどこにも華奢なところがなく、誤って落としたとしても粉々になってしまいそうなところがまったくないデザインのことです。ライカの頑強な作りが見た目の印象を裏付けます。耐久消費財の顧客へのアピールを分析する時には、機能的な要因のほかに、製品の内在的なアピールの一部としての、デザインを通して伝えられるその製品の品質も考慮に入れなければならないということになります。

（2）アフォーダンスの概念（Affordance）

　Gibson（1982）は、アフォーダンスの概念を開発しました。「概して言うと、ある物のアフォーダンスとは、それが良いものが悪いものかは別にして、その製品がそれの観察者に与える（afford する）物・イメージのことです（筆者訳。原文は："roughly, the affordance of things are what they furnish, for good or ill, that is, what they afford the observer."（Gibson 1982、p. 403))。

　Gibson によれば、ある物のアフォーダンスはそれの形、大きさ、硬さ、動き、材質によって決まります。ラグジュアリーの顧客は、ある商品が何をするかだけに基づくのではなくて、ある商品が顧客にとって何を意味するか、によっても高い価格をラグジュアリーに支払っていることになります。そして、ある物の内在的な価値と外在的な価値は別々に存在するのではなくて、相互に関連して相互作用している

ということです。

2．日本の自動車づくりについての評論家、デザイナーなどの意見

　日本の自動車づくりについての示唆に富んだ文献を、いくつかご紹介しましょう。

　フェラーリ、マセラティなどをデザインした奥山清行（2007）は、以下のように述べています。

「見た目のハードだけあればいいというのでは、ブランドを愛する心とは言えません。逆にイタリアの人たちは、見た目なんかわかってもわからなくてもいいんです。購買に至るプロセスと、本物を手に入れたという満足感だけがあればいい。それがブランド品を買うことの本当の意味だと、イタリア人たちは考えています」（奥山 2007、p. 50）

　また、日本製品については、以下のように批判しています。

「日本人が得意としてきた『切り捨ての文化』がなくなり、製品が多機能化しすぎているからです。日本製品の一番良かった部分は、『マニュアルを読まなくても使える』というところでしたが、いつのまにか日本製品は世界中で一番使いづらいものになり、お客さんから敬遠されるようになってしまいました」（奥山 2007、p. 146）

「『シンプルにする勇気』を取り戻さないと、これからの日本製品はますますつらいことになるかもしれません」（奥山 2007、p. 147）

　ラグジュアリー・カーだからと言っても、必ずしもハイテクを売りにして、ふだん使い切れないような機能を並べる必要はないでしょう。前から疑問に思っているのですが、日本の上級車種には、オートマチックなのに大きなタコメーターがスピードメーターと並んでいるのがありますが、真剣にエンジンの回転数を見ながら運転する上級車種のドライバーがそんなにたくさんいるのでしょうか？

　日産自動車のデザイナーだった森江健二（1992)は、ドイツに住む

6 日本のラグジュアリー・カーづくりへのヒント

イタリア生まれの一匹狼のデザイナー、ルイジ・コラーニの発言に衝撃を受けました。中でも特にずしりと重く大きかったのが、コラーニに会った時に彼が発した質問です。
「なぜ、日本の工業製品にデザイナーは日本独自の表現をしないのか？あんなに美しい伝統美を持っているのに……」（森江 1992、p. 181）

　安全とか機能のことはとりあえず置いて考えると、日本にはお座敷列車や屋形船があるのに、お座敷車はなぜないのか、と考えることがあります。西洋式の、いすや馬車の文化を元に発達してきた自動車ですが、駕籠や台や屋形船などの、日本の文化をうまく取り込んだ、新しい様式の自動車は考えられないでしょうか？
　アッターバック他（2008）の、デザインの役割についての提言は、日本の自動車メーカーにもあてはまるのではないでしょうか。
「実際のところ、デザインはどこに位置すべきものなのか。イノベーション・プロセスの初期の段階からかかわるべきだ、というのが本書の主張である。…（中略）…そして製品を単に加工品や実装の対象と見る従来型デザインプロセスではなく、製品の使われ方やライフサイクルにわたる全体像を考察していく」（アッターバック他 2008、p. 19）

　日本製のラグジュアリー・カーが、英国などの伝統の確立したブランドと対等の地位を獲得するための一つの方策は、単なる自動車の設計・製造を超えて、自動車を含んだ一回り大きな交通システムを提案することではないかと思います。たとえば、一つの自動車メーカーが単に OEM で自社ブランドの自転車を出すのではなくて、本格的に、自動車と自転車による「パーク・アンド・ライド」のための、一つのシステムとしてデザインした自動車と自転車を一つのブランドとして提案するというのはどうでしょうか？　この観点からは、アストン・マーチンが、トヨタ iQ をベースにシグネットを開発して、本来のア

ストン・マーチンの車両と抱き合わせで売るという発想は面白いのではないでしょうか。

　自動車評論家の「プロフェッサー岡崎」岡崎宏司（2004）は、高機能の車よりも、美しい車を待望しています。
「それは、最近のデザインが、心を写し込んでいるものではなく、単に商品をデザインしているだけのものだからなのではないか。……今だって、最小限必要な条件だけ満たせば車は美しさだけで生きてゆけるし、美しさだけで多くの人の心を捕らえることができるはずである」（岡崎 2004、p. 91）
「4WSも280馬力もいらないから、美しさだけで人を捕らえて離さない車がほしい。そして、そんな車は、乾き切った今の世界に、きっと素晴らしい潤いをもたらしてくれるに違いないのだ」（岡崎、2004、P. 92）
「最近よく考えるのだが…。（中略）… 2CVと同じようなコンセプトを掲げた車が、21世紀のある日、蘇るかもしれない。…（中略）…僕はそんな気がしてならない。そして、それを大いに期待もしている。なぜかって？…（中略）…答は簡単。人にも地球にも優しくて、しかも芯が強い。…（中略）…こうした車はこれからの社会にこそとても相応しいと思えるからだ」（岡崎 2004、p. 110）

　筆者の乗っていたフランスの1966年型パナール24bは美しい車でした。また、現在乗っている1963年型ポルシェ356Bスーパーもその丸みのあるスタイルが人を和ませるようで、「これは何という車ですか？」などと質問されることもあります。
　テリー伊藤と清水草一（2005）の、日本の自動車づくりについての辛口の評論では、
「ゆっくり走ってもさすがって思わせるものを作らないとダメでしょう。乗って走り出した瞬間、ああこれはすごい車だなって唸らせない

6 日本のラグジュアリー・カーづくりへのヒント

と高級車はダメ。それがさ、コーナーを限界で走って四輪トルク配分が効いてるなあ、なんて。…（中略）…そんなの誰もわかんないよね」（伊藤、清水 2005、p. 110）
「本当の高級車なんか、コスト的にできっこないんだよね。国産コンパクトカーは高級さで勝負したら絶対ダメなんですよ！センスで勝負しないと!!」（伊藤、清水 2005、p. 117）
「車ってそういう付加価値が大事じゃない、この車に乗ると夏がきたとかさぁ。そういうことがなくて、走るとか止まるとか燃費がどうとかばっかりだとちょっとね。車ってそんなことじゃ語れないと思うよ!!」（伊藤、清水 2005、p. 149）

　外在的な価値を、それも主にエンジニアリング志向で高めて行っても、ある程度から先は、専門家でもない消費者にはありがたみがあまり感じられなくなるのではないでしょうか。自動車は、そのデザインが街の景観に与える影響なども、その車の与えるインパクトの一部として考えて企画する時代が来ているのではないでしょうか。
　自動車評論家の「巨匠」徳大寺有恒（2009）は、自動車の文明的価値について、日本の自動車メーカーに以前から直言しています。
「この国の自動車メーカーがいまなにより求められているのは、じつは技術開発力でも、デザイン力でもない。それ以前に、自動車というものの存在に関わる哲学、さらに、人間や人間社会に関する哲学が、強くもとめられているのである。…（中略）…なのに、日本の国内メーカーは、アメリカと同じ感覚で、車に特別な熱意など持たないユーザーに、実用機能しか取り得のない『普通の』車を、大量に供給していけばいいという考えを持ち続けてきた」（徳大寺 2009、P. 140、146）
「ふたたび言うが、ユーザーに真の満足をあたえるためにも、また市場を拡大して産業を発展させるためにも、自動車は『単なる移動の道具』であってはいけないのである。そういう貧しい発想で車を作っているかぎり、ユーザーを幸せにすることなど到底できないし、さらに

地球や人類を救うなどとんでもない思い上がりである」(徳大寺 2009、P. 149)

　徳大寺に加えて、『カーグラフィック』を中心に自動車評論を続けてきた小林彰太郎が、シトロエン GS について1970年代後半の『カーグラフィック』に、シトロエンには、ユマニテと、人間についての暖かい洞察が感じられる、というようなことを書かれていたと記憶しています。日本の自動車メーカーにもそのような思想や使命感はあると思いますが、それをデザインとしてもっと堂々と打ち出してもよいのではないでしょうか。

3．ライカの購買意思決定についての Horiuchi (1984)などから得られた知見

　筆者のライカ・オーナーについてのフィラデルフィアでの研究から、多くのライカ・オーナーは、ライカの優れた性能を引き出せなくても満足していることがわかりました。

　ライカ・カメラというラグジュアリー・カメラの購買意思決定についての筆者の研究（Horiuchi　1984）などで得られた知見は、以下の通りでした。これは、フィラデルフィアにある、当時アメリカで一番ライカの販売台数の多かった高級カメラ店 Photo-Cine-Shop の全面的な協力を得て、そのライカ顧客のアンケートや、顧客や店の社長・店員のヒヤリング、店での顧客と社長・店員のやり取りの観察などから得られた知見です。

　ライカを購入した人にとってのライカM（レンジファインダーカメラ）の価値は、他のブランドとの比較ではなくて、ライカMそれ自体が抜群のカメラであると確信したことにあります。しかし、まったく意外なことに、多くのライカM購入者は、購入前にライカMで写真を撮ったことはありませんでした。また、ライカMで撮った写真を見た

人も多くはありませんでした。それなのに、購入者は、どうやってライカMが比類ない優れたカメラであるという結論に達したのでしょうか。それにはいくつかの理由が考えられます。

1. ライカMのデザインの「アフォーダンス」、つまり「頑丈で、高級らしさの伝わってくるデザイン」、見た印象、持った感触、操作をしてみた感触などによる。
2. ライカMについての専門家の高い評価。これは写真専門誌などからの知識や、カタログなどによる。
3. ライカMについてのライカ専門店販売員による、根拠のあり、顧客に確信をもたせる説明。

（1）製品の機能の評価は間接的な情報に基くことが多い

　消費者がラグジュアリー製品を買う時には、その機能的な価値も評価して購入する、と考えるのが一般的でしょう。ところが、実際には、消費者の行っている機能の評価というのは、機能の直接的な評価ではなくて、機能が判断できる専門家の意見や、回答者自身で判断できる製品デザインの頑丈そうな形態など、間接的な情報から機能的な価値についての確信を持つにいたっていることが多いことがわかりました。

　一方で、そのようにして確信した高い機能的な価値をフルに使いこなす消費者は、それほど多くはないこともわかりました。

（2）実際に使う機能を買っているのではなくて、機能のポテンシャルを買っている

　ライカ購入者は、カメラの外在的な価値（高機能なを）を実際に使わなくても十分満足しています。つまり、高機能を自身で確認したわけではなくて、またそのような機能を使うことがなかったとしても、そのようなポテンシャルを持つ製品を持つこと、眺めること、使うことに満足感を味わうことがわかりました。

　20％くらいの消費者は、かなり高い専門的知識や技量を持っていて、

ラグジュアリーをかなり使いこなせる可能性があるとは言われます（パレートの法則）。この20％くらいのグループの人々のニーズは、その外在的な価値も含めて十分満足させる必要があります。このグループの意見を、ラグジュアリーを買う人々の中の残りの80％の人々は参考にする可能性が高いからです。

（3）実は、他社製品を最初からほとんど比較評価していないライカM購入者

ライカMレンジファインダーカメラ購入者は、他社製品をほとんど比較評価していないことがわかりました。

そもそも、他社製品を比較対象としてすら考えていなかった回答者が多いのは完全に予想外でした。つまり、比較的最初の頃から、ライカMしか念頭にない、ということが考えられます。これは、通常考えられているラグジュアリー製品の購買行動モデルとは根本的に異なる意思決定のパターンです。

それは、販売店員のライカ・カメラについての効果的な説明や、Mカメラのアフォーダンスの高いデザイン、ライカMの長期間にわたるプロカメラマンによる使用経験の話や伝説、ライカ・カメラの伝統などが総合的に作り出すのに成功した、「ライカMカメラはクラシックカメラ」というイメージによるのでしょう。あとは、ライカの顧客になる人は、ライカMが「やはりベストだ」という確認をするために情報を集めているようです。

4．日本のラグジュアリー・カーづくりについての提言

本節では、デザイナー、自動車評論家などの日本の自動車づくりについての意見や、ラグジュアリー製品についての研究をもとに、日本のラグジュアリー・カー作りについての提言をしたいと思います。

（1）高付加価値化＝高機能化という考えは現実にあまり適合していない

　日本車は、性能、装備、信頼性の高さの割りに値段の手ごろな、良質の量産車として1960～70年頃から世界にその市場を確立していきました。その後、1980年代後半から上位プレミアム・カー市場に、主に第2ブランド（ホンダのアキュラ、トヨタのレクサス、日産のインフィニティなど）で相対的に割安な価格と十分な高性能、作りの良さなどで順調に進出してきました。

　日本のメーカーの考える「ラグジュアリー・カー」とはどういう車なのでしょうか？　オーナーカーか、運転手付きの車でしょうか？　1960年代はじめまでの日本車の方が、現代の日本の車よりも、「ラグジュアリー・カー」と一般向けの車が明確に差別化されていたのではないしょうか？　なぜ、現代の日本車には本当の意味でのリアシート優先の車がないのでしょうか。

　ラグジュアリー・カー市場に参入しようとするメーカー（たとえば日本のメーカーがロールスロイス級の車を製造する場合）は、機能と価値を比例して考えて、たとえ機能を高めても、上記のような次第で、ラグジュアリーとして消費者が期待するような情報として潜在顧客にうまく伝わらない可能性があります。

　恐らく、ラグジュアリー製品の主要なアピールの一つは、それがクラシックであることではないでしょうか。筆者のライカ研究アンケートの回答者は、ライカMカメラがそのようなアピールを持つことを確信していたようです。顧客がある商品を他の商品と比較しなければならない時、そしてその商品の下取り価格や投資価値を考えなければならない時、その商品は独自のカテゴリーを持つクラシックではなく、他の製品と競合するハイエンドの製品の一つに過ぎなくなります。

5．ラグジュアリー製品との出会い

本節では、筆者のラグジュアリー製品との出会いの経験や、アメリカで触れたモータースポーツの底辺の広さなど、ラグジュアリー・カーについて考える時に参考になりそうなことを説明します。

（1）発想の全く異なる850ccのラグジュアリー・カー1966年型パナール24bの魅力

筆者の愛用したスポーツカーの中で、もっとも感性への訴えが強かったのはフランスの名車（というかほとんど知られていない）、1966年型パナール24bでした（写真1）。どういうことかと言うと、この空冷水平対向2気筒850ccでマークⅡの大きさのボディを走らせるフランスのスポーツカーは、非力な車ゆえに運転に知力を必要とし、運転すること自体が大きな喜びだったのです。なにしろ傾斜計を付けていたくらいで、道の傾斜、強風、惰力など、運動エネルギーをあらゆる観点から見つけだしてそれらをフルに活用し、安全、快適、かつ経済的に移動するのは、それがたとえごく普通の道でも、とてもチャレンジのある経験でした（図1）。この車は、850ccのくせに凝った手作りで、きわめて高価格であり、イギリスでは、なんと2リッターのポルシェ911や4.2リッターのジャガーEタイプより高価でした！したがって、絶対的な価格はアストン・マーチンなどより低いのですが、「ラグジュアリー・スポーツカー」と呼んでもよいのではないでしょうか。

写真1　1966年型パナール24b

日本車の中のラグジュアリー・カークラス（車のサイズに関係なく、そのクラスの中でのラグジュアリー・カー）は、世界の伝統あるラグ

6 日本のラグジュアリー・カーづくりへのヒント

図1　低性能車と高性能車をあやつる楽しさの違い

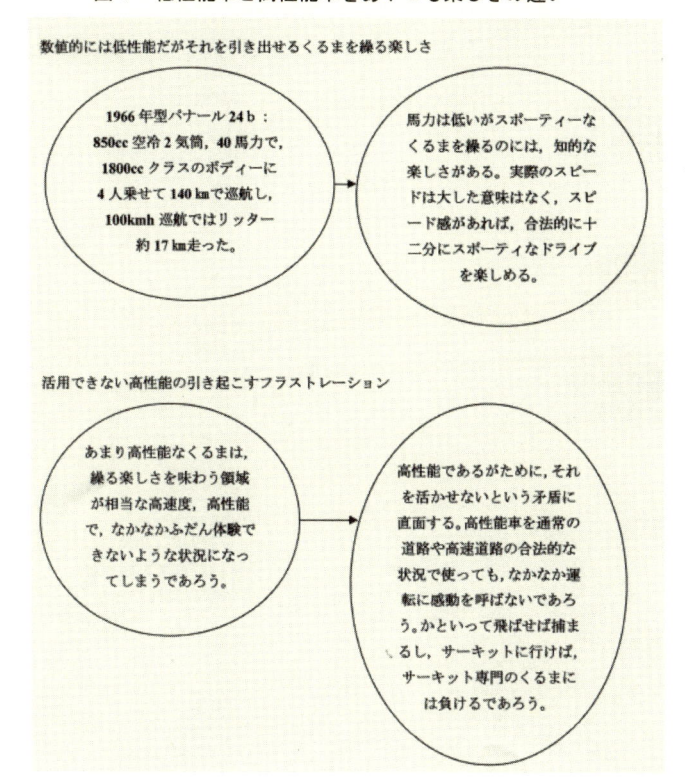

数値的には低性能だがそれを引き出せるくるまを繰る楽しさ

1966年型パナール24 b：
850cc 空冷2気筒, 40馬力で,
1800ccクラスのボディーに
4人乗せて140 kmで巡航し,
100kmh 巡航ではリッター
約17 km走った。

→ 馬力は低いがスポーティーなくるまを繰るのには、知的な楽しさがある。実際のスピードは大した意味はなく、スピード感があれば，合法的に十二分にスポーティなドライブを楽しめる。

活用できない高性能の引き起こすフラストレーション

あまり高性能なくるまは、繰る楽しさを味わう領域が相当な高速度，高性能で、なかなかふだん体験できないような状況になってしまうであろう。

→ 高性能であるがために、それを活かせないという矛盾に直面する。高性能車を通常の道路や高速道路の合法的な状況で使っても、なかなか運転に感動を呼ばないであろう。かといって飛ばせば捕まるし、サーキットに行けば、サーキット専門のくるまには負けるであろう。

ジュアリー・カーブランド、ロールスロイス、ベントレー、アストン・マーチンなどと対等な競争に持っていくのはなかなか難しいでしょう。

　ということは、日本の高級車は、下からは低価格車から中級車へとNIES諸国に追い上げられる一方で、ラグジュアリー・カーの市場には入れず、「かなり高級でかなり高価格だが、ラグジュアリーではない、ハイエンドのふつうの車」という苦しい市場での戦いを余儀なくされるのではないでしょうか。

　日本のメーカー、すなわち製品を企画する側と使用する消費者との

図2　ラグジュアリー・カーの企画側と消費側の間のギャップ

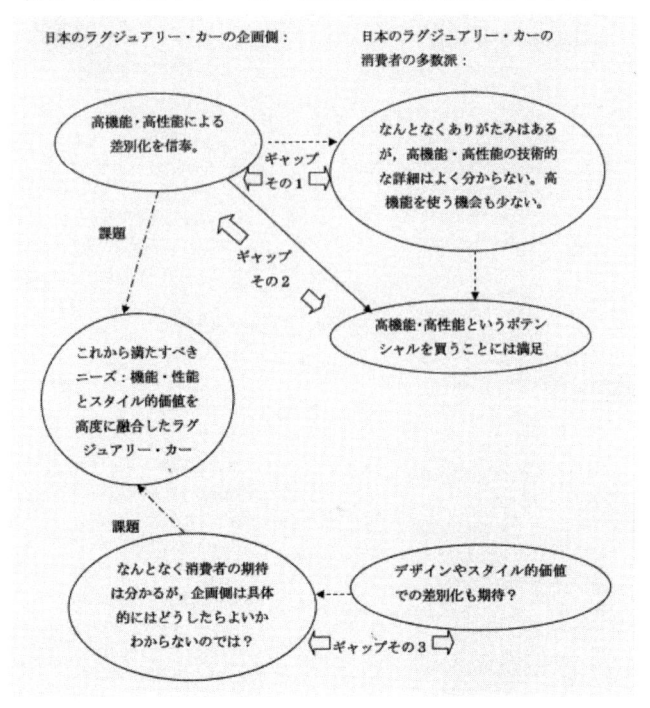

日本のラグジュアリー・カーの企画側：
- 高機能・高性能による差別化を信奉。

日本のラグジュアリー・カーの消費者の多数派：
- なんとなくありがたみはあるが，高機能・高性能の技術的な詳細はよく分からない。高機能を使う機会も少ない。

ギャップその1

課題

ギャップその2

- 高機能・高性能というポテンシャルを買うことには満足

- これから満たすべきニーズ：機能・性能とスタイル的価値を高度に融合したラグジュアリー・カー

課題

- なんとなく消費者の期待は分かるが，企画側は具体的にはどうしたらよいかわからないのでは？

- デザインやスタイル的価値での差別化も期待？

ギャップその3

間に、その製品についての意識のすれ違いはないでしょうか？（図2）

（2）デンマークの手作りのペテルソンバイクをオーダーしたきっかけ

1993年にコペンハーゲン・ビジネススクールに、客員研究員として6週間ほど滞在したことがあります。コペンハーゲンには、ペテルソンバイク（Pederson Bike）という、1890年代からずっと手作りで作っている、トラス橋のようなデザインの自転車があり、コペンハーゲンでは結構見かけます（写真2）。これは背の高い自転車で、トラス橋と同じ原理だそうです。スマートに乗っている人が多いので、いつか近くで見てみたいと思っていました。

6 日本のラグジュアリー・カーづくりへのヒント

　コペンハーゲンに隣接したフレデリクスベア市のファルコネア自転車店に出入りするようになってしばらくしたある日、店に行ってみると、ペテルソンバイクをオーダーした人がいて、その自転車の組み立ての最終段階に入っていました。ペテルソンバイクは注文生産で、自転車の性格や部品の構成は、すべてオーナーが決めるシステムになっています。

写真2
筆者が塗装や部品構成を考えてオーダーしたペテルソンバイク

　この最終仕上げ作業に見入っていて、オーナーと話していたら、親切にも完成したばかりのペテルソンバイクに試乗してよいとのことでした。ペテルソンバイクを試乗できる機会などまずないので、喜んで試乗させていただきました。この自転車は、前が高い独特のデザインのため、空に向かって走るような爽快感があり、また、意外に高速で走れることがわかりました。

　これがきっかけとなって、筆者もペテルソンバイクをオーダーし、デンマークの国旗のきれいな赤と白の塗装を指定したフレームに木の泥除けを付け、白地に青のストライプの入ったタイヤに、12金のトウクリップという、鮮やかな自転車をオーダーしました。この赤と白のデンマーク国旗の色に塗装してもらった自転車は、デンマークの新聞に載ったこともあります。

　このように、ふだんなかなか試乗できないものに乗ってみると、見ているのとは大違いで、その良さがわかることがあります。

　筆者の研究から得られた知見のひとつも同様のことでした。ライカMシリーズ・レンジファインダーカメラを購入する客は、カメラ店に入るまではライカのことは見聞したことはあっても、実機に触ったこともない人も多かったのですが、それが、実機を手にとって操作してみて、また、ライカ・セールス担当の詳しい説明から、本に書いてあ

る客観的な事実としてではなく、自身の体験としてライカMの人間工学的なデザイン、また、高品質と堅牢性を感じさせるデザイン、ライカで撮影したきれいな写真などを見て、ライカの良さを確信するようになります。こうなると、他のカメラとの比較ではなくて、どうしてもライカを買わなければ満足できなくなり、購入して晴れてライカ・カメラのオーナーとなって満足する次第です。

このライカM購入と、筆者のペテルソンバイク購入に共通しているのは、ふだんなかなか手に触れることのできないラグジュアリー製品の、短時間にせよ、「使用経験」を持つことができ、頭で考えるだけではなくて、肌でその良さを体験し、もろもろの本などから得た知識を、自分の直接体験した経験と組み合わせてその製品の良さを体感できたことにあると考えられます。

（3）低い敷居でモータースポーツに参加できるアメリカ

筆者は10年間住んでいたアメリカで、スポーツカークラブオブアメリカ（SCCA）（JAFのモータースポーツ部門のようなもの）主催の、タイヤとホイール以外は一切変更できないカテゴリーでのジムカーナを楽しんでいました。これは、まったくお金がかからないのに、モータースポーツの楽しさ、特に車をスキーやスケートのように自在に振り回す楽しさを安全に満喫できます。

また、「紙と鉛筆ラリー」という、紙と鉛筆とストップウォッチだけしか使用を認めず、トリップメーターも白い靴クリームで一時的に塗り消してしまうラリーも楽しんでいました。これもまったくお金はかかりませんが、みんな同じコンディションなので、十分にモータースポーツの醍醐味が味わえます。

このように、気楽に、安くモータースポーツが楽しめる土壌は、アメリカやイギリスで筆者が経験したことで、日本にもこのようにモータースポーツの底辺を拡大できる機会を増やしていくとよいのではないでしょうか（図3）。単なる移動手段として車を運転するのと、自

図3　モータースポーツ参加への敷居

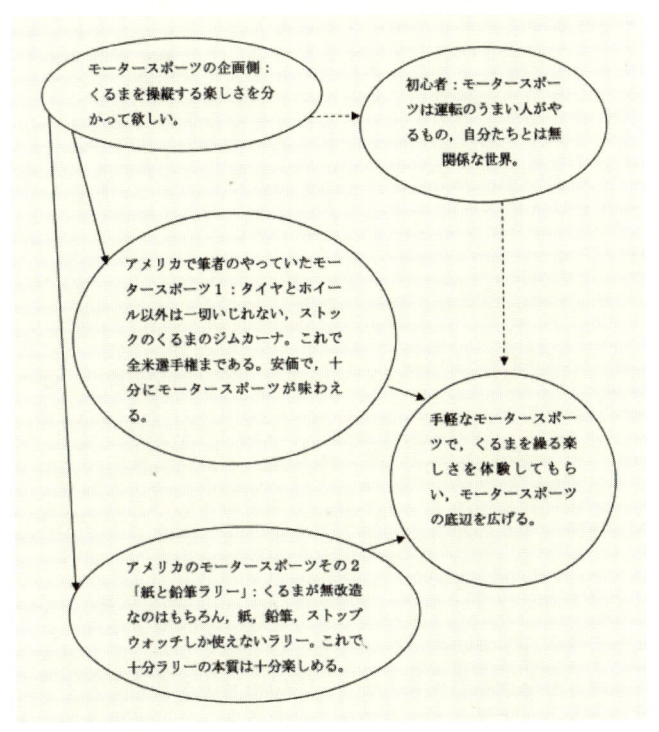

- モータースポーツの企画側：くるまを操縦する楽しさを分かって欲しい。
- 初心者：モータースポーツは運転のうまい人がやるもの、自分たちとは無関係な世界。
- アメリカで筆者のやっていたモータースポーツ1：タイヤとホイール以外は一切いじれない、ストックのくるまのジムカーナ。これで全米選手権まである。安価で、十分にモータースポーツが味わえる。
- アメリカのモータースポーツその2「紙と鉛筆ラリー」：くるまが無改造なのはもちろん、紙、鉛筆、ストップウォッチしか使えないラリー。これで、十分ラリーの本質は十分楽しめる。
- 手軽なモータースポーツで、くるまを繰る楽しさを体験してもらい、モータースポーツの底辺を広げる。

在に振り回せるスポーツの道具として車に触れるのでは、車に対する接し方が本質的に違います。後者のような機会を、気楽に多くの人が持てるようになれば、若者の車離れ傾向も少し変わるのではないでしょうか。これが、手作りのペテルソン・バイクに思いがけず試乗したり、気楽なモータースポーツをやったりした経験から筆者が得た、ふだん機会のないことへの「敷居を低く」という教訓です。これは、ラグジュアリー・カーの体験試乗にも、モータースポーツの底辺拡大にも当てはまる考え方だと思います。

6．課題：どうやってラグジュアリー・カーのイメージを確立するのか

どうやってラグジュアリー・カーのイメージを確立するのでしょうか？

ラグジュアリーの設計・製造と効果的な売り方は別な話だということがわかりました。機能は必ずしも絶対的なベストでなくてもよいのです。機能とスタイルの総合的な価値が「ラグジュアリー」であれば客は惹かれるでしょう。

高性能を実際に体験してから購入意思決定をする人はごく少ないことがわかりました。それだけではなくて、購入後も、ラグジュアリーの高性能を実際に引き出せる人も、引き出せるような機会もおそらくそんなにないでしょう。

それでは、ラグジュアリーを買う人は、何を求めて買っているのでしょうか？それは、いつか、そのような高性能を引き出すことがあるかもしれない、という夢と、その時にも十分な機能という余裕なのではないでしょうか。

ところが、製品を企画し、売る側は、そのような高性能を実際に引き出せる人や、引き出せるような使用環境を中心にマーケティングをしていないでしょうか？もしそうだとすると、図2のようなループが考えられます。つまり、企画する側が熱心になればなるほどラグジュアリー・カーの消費者の多数派は醒めていく、という構図です。

では、どうすればよいのでしょうか？　いくつかの可能性が考えられます。

まず第一に、機能は必ずしも絶対的なベストでなくてもよいのですが、機能的な価値と内在的価値の相互作用によって、その製品には比類ない魅力を持たせねばなりません。これが成功すると、オーナーと製品の間には相互作用が生まれることになります。

第二に、ラグジュアリー商品の設計・製造と効果的な売り方は別な話です。機能的価値と内在的価値が相互に働きかけあった結果の総合

的な価値が「ラグジュアリー」であれば客はそれに惹かれるでしょう。筆者のライカ・カメラについての研究でも、ライカを買うに至った人たちは、あるポイントから先は、「どうしてもライカを買いたい、他の物との比較ではなくて、ライカを買わなければ満足できない」となって、他の選択肢は考えなくなります。そのように買い手に考えてもらえるかどうかが、「ラグジュアリー」と「上位プレミアム」の需要の違いでしょう。

第三に、製品の高性能を実際に体験してから購入意思決定をする人はごく少ないということです。ではどうしてラグジュアリー商品を買うにいたったかと言うと、そこには、その製品の外在的な価値と内在的な価値の間の、単なる足し算ではない相互作用があります。また、ラグジュアリー商品の売り手と買い手との間の相互作用もあります。つまり、単に売り手が「良い物を上手に説明したから買う気になった」のではなくて、その製品の機能的な価値や快楽的価値をよく理解している売り手によってその製品は一種、生き生きとした物となり、顧客がそれを購入して、それと相互作用することによって、単なる良品を購入・使用する満足感とは次元の違う満足感を与える、ということを買い手に確信させることができるからです。このためには、売り手にセールスのトレーニングを受けさせるだけではなくて、売り手が、その商品を実際使うなど、生きた知識を身につけることが必要となります。

このように、日本の自動車メーカーには、従来の高機能路線の追求だけではなくて、ラグジュアリー・カーの内在的な価値を顧客や潜在顧客とのインタラクションや、PR戦略などによって高め、他の製品との比較ではなくてその製品をぜひ買いたい、と顧客が思うように、従来より広い観点からラグジュアリー・カーを企画することが求められているのではないでしょうか。

【参考文献】

ジェイムス・M・アッターバック、ベンクト・アンヌ・ベダン、エドゥアルド・アルバレス、ステン・エックマン、スーザン・ウォルシュ・サンダーソン、ブルース・テッサー、ロベルト・ヴェルガンティ (2008)『デザイン・インスパイアード・イノベーション』サイコム・インターナショナル監訳、ファーストプレス

テリー伊藤、清水草一 (2005)『間違えっぱなしの車選び』ロコモーションパブリッシング

岡崎宏司 (2004)『わが心に残る名車たち』光文社

奥山清行 (2007)『フェラーリと鉄瓶』PHP研究所

恩蔵直人「コモディティ化への対応とこれからのマーケティング」、読売 is マーケティング情報誌『perigee』第12号(オンライン)

J. N. カプフェレ、V. バスティアン (2011)『ラグジュアリー戦略』長沢伸也訳、東洋経済新報社

James J. Gibson, *Reasons for Realism*, eds. Edward Reed and Rebecca Jones, Hillsdale, NJ: Erlbaum, 1982.

徳大寺有恒 (2009)『間違いだらけのエコカー選び』海竜社

堀内義秀 (1987)「第24章 社会システム論の応用としての大学教育における経験」、GSR 研究会『一般システム研究の成果と展望』GSR 研究会、pp. 525-45.

Yoshihide Horiuchi(1984), Systems Anomaly: Consumer Decision-Making Process for Luxury Gooods. ペンシルベニア大学ウォートンスクール博士論文

森江健二 (1992)『カー・デザインの潮流』中公新書

エドワード・S・リード (2000)『アフォーダンスの心理学──生態心理学への道』佐々木正人監修、細田直哉訳、新曜社

7 グローバル化する鉄鋼価格

安岡 孝司

1．NY原油って何？

2012年の正月明けのことです。1月5日の日本経済新聞夕刊には「NY原油続伸8ヵ月ぶり高値」という見出しの記事がありました。その記事によると「4日のニューヨークマーカンタイル取引所で原油先物が1バレル103.74ドルまで上昇」とあります。このようなニュースが流れると、やがて街の灯油やガソリンが値上がりすることを経験的に知っています。

NY原油とは何のことでしょうか。これはニューヨークのマーカンタイル（商品）取引所（NYMEX）で取引されているWTI原油の先物価格のことです。WTIとはウエスト・テキサス・インターミディエート（West Texas Intermediate）の略で、米国テキサス州付近で産出される高品質な原油のことをいいます。

NY原油という言葉はニュースや新聞によく使われるのでなじみがあると思いますが、先物とは何のことでしょうか。まず先物について簡単に説明しておきましょう。

例えばある年の9月に原油が1キロリットルあたり5万円とし、12月にかけて原油が値上がりしそうな状況とします。このような場合、石油精製会社なら、値上がり前に原油を買っておきたいところですが、保管の設備やコストを考えると限界があります。先物取引とは将来の売買の価格を今決めることができる契約のことです。したがって、値

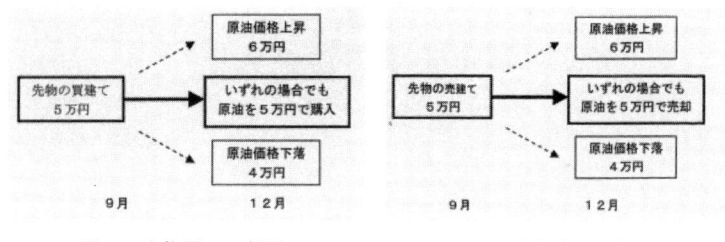

図1　先物買いの効果　　　　　図2　先物売りの効果

上がり前に原油を大量に買って備蓄するかわりに、先物取引をすればよいことになります。

　12月に売買する予約の価格は買いたい人と売りたい人の需給バランスなどから決まり、その価格を先物価格といいます。たとえば、12月に原油を1キロリットルあたり5万円で買う予約をする契約を先物の買いといい、この5万円が先物価格です。先物に対して今日受渡をする場合の価格を直物(じきもの)価格といいます。

　先物価格と直物価格は互いに連動して変動します。もし先物を買っていれば、12月に原油が6万円に値上がりしていても5万円で買うことができます。これを受渡決済といい、価格の上昇リスクを回避（ヘッジ）できるわけです。逆に12月に4万円に値下がりしていても5万円で買わなければなりません。図1のように、いずれにしても将来のコストを現時点に確定できる効果を持つことがわかります。

　次に同じことを売り手の立場で考えてみましょう。前と同じ条件で、年末に原油が値下がりしそうな状況だとすると、値下がりは原油の売り手にとってのリスクです。そこで、12月に原油を1キロリットルあたり5万円で売る予約をする契約を先物の売りといいます。この取引をしておけば、もし12月に原油が4万円に値下がりしても5万円で売れるので、価格の下落リスクをヘッジできます。逆に12月に6万円に値上がりしていても5万円で売らなければなりません。図2のように、先物の売り建てには将来の売価を現時点で確定する効果があります。

7 グローバル化する鉄鋼価格

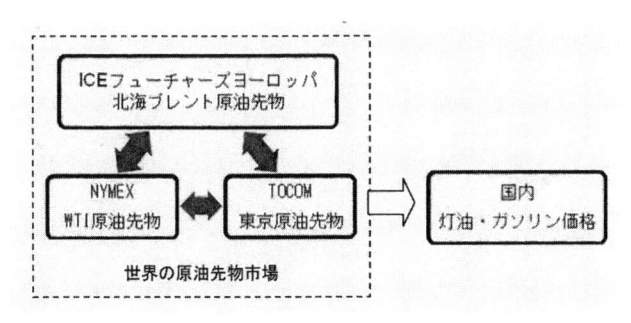

図3 世界の原油先物市場と国内価格

このように現物取引のリスクヘッジに利用する先物取引をヘッジ取引といいます。先物は原油の売り手と買い手の双方のリスクヘッジツールとして利用されており、社会的なセーフティネットとして重要な役割を果たしています。

原油消費の3大市場はアメリカ、ヨーロッパ、アジアです。WTI原油先物はアメリカ市場での原油価格の重要な指標で、ヨーロッパの指標は ICE フューチャーズヨーロッパ北海ブレント原油先物、アジア市場の原油価格は東京工業品取引所の東京原油先物がその指標となっています。海外での先物価格が国内のニュースになるということは、原油先物の価格が国際的に連動しているからです。NY 原油の価格変動が東京の原油先物に影響を及ぼし、やがて町のガソリンや灯油価格に反映されていきます。

2．先物市場の社会的な意義と問題

前の節では現物を扱う当業者のヘッジ取引で先物取引を説明しました。先物取引には当業者だけでなく、先物価格の変動を予想して収益を狙う投資取引もあります。

たとえば原油の先物が1キロリットル5万円のときに先物を買建て、

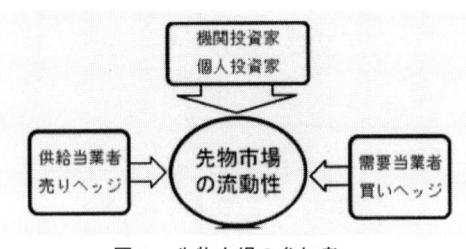

図4　先物市場の参加者

6万円に値上がりしたときに売戻すと1万円の差額が利益になります。予想が外れて4万円に値下がりした場合に売戻せば1万円の損です。投資取引を行うのは機関投資家や個人投資家などです。たまに「親戚のおじさんが先物で失敗して大損した」といった話は個人投資家の先物取引によるものです。

先物取引が当業者同士だけで行われていると、売手と買手のニーズがぴったり合うことは稀です。したがって売りたいとき、買いたいときに取引が成立するとはかぎりません。当業者以外に投資家が加わることによって取引のボリュームが増え、当業者の取引が消化されやすくなります。

先物市場が社会的なセーフティネットとしての役割を果たすために取引のボリュームが必要であり、そのために投資家は不可欠な存在です。もちろん、投資家の思惑で先物価格が現実の需給関係以上に乱高下する場合があり、不可欠である反面、その影響が社会問題になる場合もあります。これについてトウモロコシの例で考えてみましょう。

図5はシカゴ商品取引所（CBOT）のトウモロコシ先物の価格の推移を表したものです。その価格は2006年後半から上昇し、2007年には2005年以前の水準の2倍近くに値上がりしました。その背景は、新興国の食糧需要の増加、バイオエタノール需要の増加です。とくに2008年の世界金融危機の際には資金が金融市場から商品市場に流れ込み、2005年以前の水準の3倍以上に高騰し、途上国の食糧問題にまで発展

7　グローバル化する鉄鋼価格

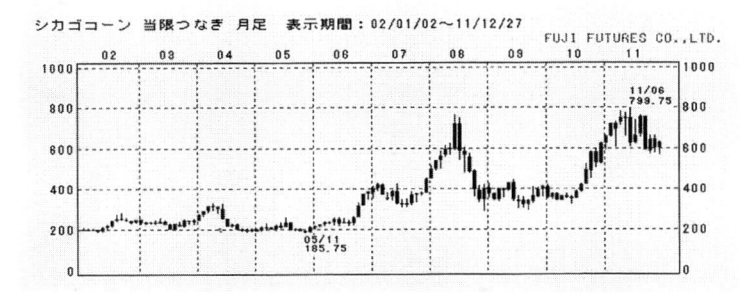

図5　シカゴコーンの価格推移　フジフューチャーズHPより引用

しました。

その後価格はしばらく落ち着き、2010年後半にも再び高騰しました。欧州の金融危機により資金が商品市場に流れこんだことや、中国の消費拡大による需給のひっ迫が要因として考えられています。これはトウモロコシだけの話でなく、穀物や大豆などにも同様の動きがみられました。各国地域の需給バランスだけでなく、国際経済などの要因によって価格が変動することがわかります。

商品先物には原油のほかにも金、プラチナなどの貴金属やアルミなどの非鉄金属、大豆などの食料品が取引されています。表1は国内に

表1　国内の商品先物取引所と上場商品（2012年1月時点）

商品先物取引所	上場商品
東京工業品取引所	金、銀、白金、パラジウム、アルミ、ガソリン、灯油、原油、軽油、ゴム
東京穀物商品取引所	米、トウモロコシ、一般大豆、Non-GMO大豆、小豆、アラビカコーヒー生豆、ロブスタコーヒー生豆、粗糖、
中部大阪商品取引所	ガソリン、灯油、軽油、鶏卵、鉄スクラップ、ゴムシート、ゴム、天然ゴム、アルミニウム、ニッケル
関西商品取引所	米、トウモロコシ、米国産大豆、小豆、コーヒー指数、コーン75指数、冷凍えび、粗糖

上場している商品先物をまとめたものです。

　先物取引についてさらに詳しく知りたい人は、三次（2010）、安岡（2012）などを参考にしてください。

3．LMEの鉄鋼先物

　鉄鋼の先物取引が始まったのは比較的最近のことです。次にこの動きについて説明します。

　鉄鋼先物は、まずドバイ金商品取引所（DGCX）に2007年10月上場し、続いてロンドン金属取引所（LME）は2008年4月、上海先物取引所（SFE）は2009年3月に上場しました。ロイター（2008年2月25日）によると「鉄鋼メーカーの間では、鉄先物はすでに不安定な鉄価格の動きを助長させるとして、反対する声が多かった」とのことです。2012年1月時点で LME では定常的に取引が行われていますが、DGCX や SFE ではほとんど取引がないことから、ここでは LME の HP を参考にして鉄鋼先物取引の概要を説明します。

　通常の先物取引は受渡決済日が各年の3、6、9、12月などの月（限月）に設定されています。LME の先物取引には限月が定められていないのが特徴で、受渡日は表2のように自由度が高く設定されています。CASH とは取引の翌々日を受渡日とするものをいい、直物取引に相当します。この仕組は現物の受渡を行う当業者にとって、個々の事情に合わせた調達や売却をしやすくするためのものです。

　LME が日々公表している価格は CASH、3ヵ月、15ヵ月、27ヵ月後を受渡日とする先物価格です。取引価格は鉄鋼1トン当たりの米ド

表2　LME鉄鋼先物の受渡決済日（2012年1月時点）

受渡決済日までの期間	受渡決済日
CASH〜3ヵ月後 3ヵ月〜6ヵ月 7ヵ月〜15ヵ月	毎営業日 原則として各週の水曜日 原則として各月の第3水曜日

7 グローバル化する鉄鋼価格

ルで表され、取引単位は1口65トンです。たとえば、1トン500ドルで為替レートが1ドル100円の場合、1単位の取引価格は、500×65=32,500ドルとなり、1単位は金額で325万円規模の取引に相当します。

取引対象の鉄鋼はビレットと呼ばれる角柱状の鋼材です。これは製鉄から最終製品までの工程の中の中間製品なので、定型的な商品性を備えています。大手の鉄鋼メーカーではこれらの工程をすべて行いますが、圧延・加工専業のメーカーもあります。

品質は9グレードのどれかを満たすものとされていますが、受渡に

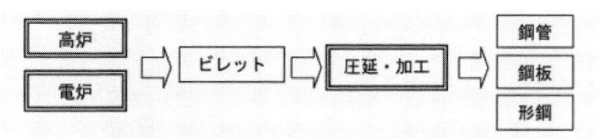

図6 製鉄から最終製品までの流れ

表3 LME鉄鋼先物の品質グレード 単位(%) LMEのHPから引用

	Grade								
	1	2	3	4	5	6	7	8	9
炭素(C)	0.08–0.13	0.10–0.15	0.14–0.22	0.14–0.22	0.15–0.22	0.17–0.25	0.28–0.37	0.28–0.37	0.36–0.42
シリコン(Si)	0.10–0.30	0.15–0.30	0.05–0.15	0.15–0.30	0.15–0.30	0.40–0.80	0.05–0.15	0.15–0.30	0.15–0.30
マンガン(Mn)	0.30–0.60	0.50–0.80	0.40–0.65	0.40–0.65	0.60–1.00	1.20–1.60	0.50–0.80	0.50–0.80	1.00–1.40
硫黄(S)	0.050	0.045	0.05	0.05	0.05	0.045	0.05	0.05	0.05
リン(P)	0.040	0.045	0.04	0.04	0.05	0.045	0.04	0.04	0.05
銅(C)	0.40	0.40	0.40	0.40	0.50	0.50	0.40	0.40	0.50
ニッケル(N)	0.20	0.20	0.30	0.30	0.20	0.20	0.30	0.30	0.20
クロム(Cr)	0.20	0.20	0.30	0.30	0.20	0.20	0.30	0.30	0.20
窒素(N)	0.012	0.009**	0.012	0.012	0.012	—	0.012	0.012	—
CEV	—	—	—	—	0.50	0.52	—	—	—

範囲で示されていない数値は最大値
*CEV (Carbon Equivalent Value) = C + Mn/6 + (Cr + Mo + V)/5 + (Cu + Ni)/15
各グレードで、リン 0.005%減少につき窒素最大値は 0.001%増加してよい。

グレードを指定することはありません。つまり買い手はグレードを選べないということです。

ビレットは、承認ブランドに認定されている製品が取引対象になります。2012年1月の時点で受渡承認ブランドは18ヵ国で53ブランドあり、その生産国はベラルーシ、中国、ドイツ、ギリシア、インドネシア、イタリア、マレーシア、モルドバ、パキスタン、ロシア、スペイン、台湾、タイ、トルコ、英国、ウクライナ、米国、ベトナムです。中国、ベトナムといった社会主義国の鉄鋼メーカーが自由経済のシンボルともいえる先物市場に参加していることは大変興味深く感じます。

例として中国のメーカーの承認ブランドを表4に示しておきます。この表で100、120などの数字はビレットの断面の高さと幅（mm）で、Short（S）は長さが5800〜6000mm、Long（L）は長さ11700〜12000mmのものです。

LME 鉄鋼先物の上場当初は地中海と極東の2銘柄があり、ロイター（2008年2月25日）によると、上場初日の初約定価格はそれぞれ1トンあたり750ドルと755ドルで、地域による価格差がありました。LME の資料によるとその後、地中海の取引高が順調に増える一方で、極東の取引は低迷していました。その後2010年7月28日に1銘柄に統一されました。受渡倉庫は以下に示すように9ヵ国12都市にあり、今後さらに増えるものと考えられます。

表4　LME鉄鋼先物　中国の承認ブランド　LMEのHPから抜粋

国	ブランド	メーカー	形状
China	QIANAN RONGXIN	Qianan Rongxin Industry and Commerce Co., Ltd.	100S / 100L / 120S / 120L / 130S / 130L / 150S / 150L
	QIANAN YANSHAN	Qianan Liangang Yanshan Iron & Steel Co., Ltd.	120S / 120L / 130S / 130L / 150S / 150L
	ZHUHAI YUEYUFENG	Zhuhai Yueyufeng Iron & Steel Co., Ltd.	150S / 150L

7 グローバル化する鉄鋼価格

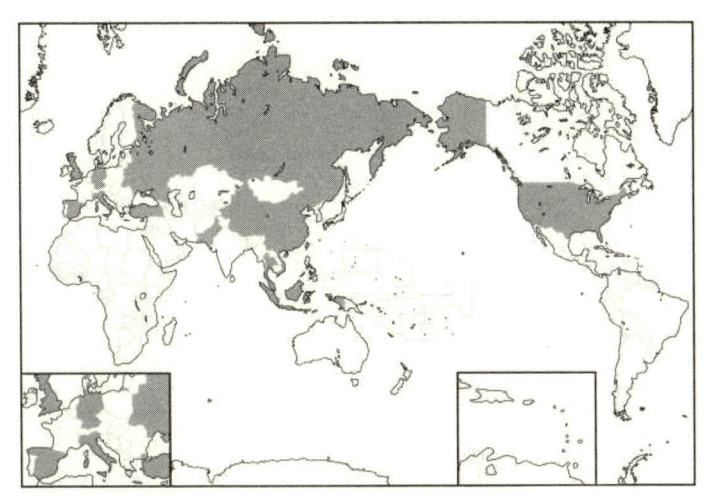

図7　鉄鋼ビレットLME承認ブランドの生産国（2012年1月時点）

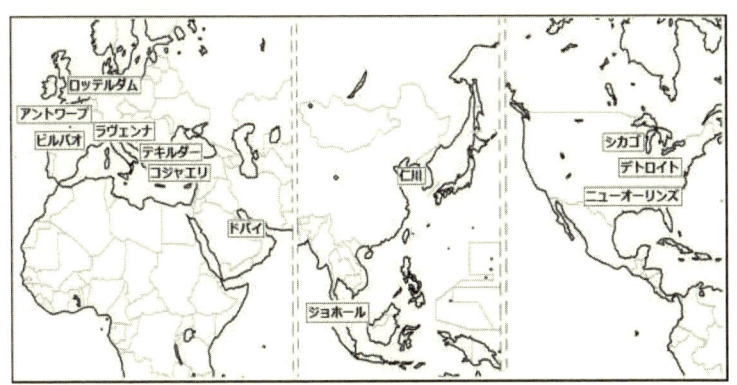

図8　鉄鋼ビレットLME受渡倉庫のある都市（2012年1月時点）

　デトロイト、シカゴ、ニューオーリンズ（米国）、アントワープ（ベルギー）、ロッテルダム（オランダ）、ドバイ（UAE）、仁川（韓国）、ジョホール（マレーシア）、コジャエリ、テキルダー（トルコ）、ビルバオ（スペイン）、ラヴェンナ（イタリア）

図8は受渡倉庫のある国を示したもので、地球を一周する地域で同一価格の鉄鋼ビレットが売買されるようになったことがわかります。

4．国内の鉄鋼価格への影響と韓国市場の国際化

LME の鉄鋼先物の承認ブランドが増え、グローバルに統一価格で鉄鋼ビレットを受渡しできるようになり、この状勢はいまのところ拡大傾向です。

日本鉄鋼連盟の資料によると、2010年の鉄鋼の日本からの最大輸出先は韓国で、その量は約1,000万トンです。一方韓国の仁川には LME の承認倉庫があるので、韓国での鉄鋼価格は LME の価格に収れんしていく可能性があります。日本から韓国やアジアに輸出する鋼材の価格もこの影響を受けないわけにはいかないでしょう。承認ブランドのビレットを生産する中国や他のアジア諸国での鉄鋼価格も同様の動きになると考えられます。

韓国の産業構造は日本と似ていて、鋼材ユーザーである自動車や建設、造船業界などは積極的に海外進出を展開しています。また韓国の金属市場の国際化も進んでいます。鉄鋼だけでなく、銅、アルミ、ニッケル、錫などの LME 先物の受渡倉庫が仁川、光陽、釜山に複数あるからです。それに比べると日本には、名古屋、横浜の2都市にアルミの LME 受渡倉庫があるのみで、まさに雲泥の差です。韓国企業の海外進出の背景を先物市場にみることができるのです。

また最近では日産、三菱、トヨタなどの自動車メーカーが韓国のポスコから自動車鋼板を購入しています。日本鉄鋼連盟によると2011年の普通鋼の輸入実績は約450万トンで13年ぶりの高い水準に増えています。国内の鉄鋼市場はこのような輸出入によっても、国際化していくでしょう。すでに述べたように、LME のアルミニウム先物取引については、国内にも受渡倉庫があるわけですから、鉄鋼先物の受渡倉庫が国内に出来てもおかしくありません。

7　グローバル化する鉄鋼価格

　鋼材価格が国際化すると、価格の変動がさらに不確実になり、将来価格の予測が困難になります。これまでは国内市場の需給要因で価格が支配されていたのが、海外要因に強く影響されるようになるからです。また国際的な投資資金の影響も受けることになります。例えば南ヨーロッパ各国の国債に投資していた資金が、金や白金だけでなく鉄鋼の先物市場に流れ込むこともあるからです。

　この不確実性は鋼材の供給と需要に関わる産業にとっての重大なリスクになります。その一方で、鋼材の国内価格が国際価格に連動するようになれば、鉄鋼先物で価格変動のリスクをヘッジできることにもなります。鉄鋼の価格変動リスクをコントロールする社会システムがなかった時代から、ようやく近代化が始まるといったところでしょうか。

5．建設業における鋼材価格変動のリスク

　鉄鋼価格の国際化が進むと、価格変動リスクが企業経営にどの程度の影響を与えるのかを建設業のケースで考えてみましょう。

　経験的に為替レートは1年で10％程度変動し、日経平均株価指数は1年で20％程度変動することが知られています。そこで鋼材価格の変動規模を1年に15％と仮定します。

　各ゼネコンで使う鋼材の種類と割合は受注プロジェクトごとに違いますが、企業全体で調達する鋼材総額を金額ベースで考えることにします。そして売上額の1/40を平成23年度に購入した鋼材の総コストと仮定します。1/40という比率は2010年当時の芝浦工大 MOT の学生（ゼネコン勤務）と筆者とで推定した数値です。そしてすべての受注物件で、受注確定の1年後に必要な鋼材をすべて調達すると仮定します。したがって見積もり時と調達時とで鋼材コスト変動が15％程度生じる可能性があり、年度ベースでみた鋼材の価格変動リスクは会社全体で調達する鋼材総コストの15％程度と推定できます。

$$\text{鋼材価格変動リスク} = \text{年間売上} \div 40 \times 0.15$$

鋼材価格変動リスクの純利益に対する割合を鋼材リスク比率と呼ぶことにします。

$$\text{鋼材リスク比率} = \text{鋼材価格変動リスク} \div \text{純利益比}$$

そして4大ゼネコンの売上から各社の鋼材価格変動リスクを試算し、鋼材リスク比率を計算しました。表5がその結果です。売上と純利益は平成23年3月期の連結決算によるものです。鋼材の価格変動リスクは各社の純利益の約2割〜5割に相当し、経営上の重大なリスクになることがわかります。

表5　4大ゼネコンの鋼材価格変動リスク（単位：百万円）

	清水建設	大林組	鹿島	大成建設
売上	1,303,755	1,131,864	1,325,679	1,218,118
純利益	10,848	15,423	25,844	10,883
鋼材コスト	32,594	28,297	33,142	30,453
鋼材価格変動リスク	4,889	4,245	4,971	4,568
リスク/純利益 (%)	45	28	19	42

売上と純利益は平成23年3月期連結決算有価証券報告書から

公共事業では資材価格が高騰したときに、受注額を資材価格にスライドして変更できるように契約されている場合があります。鋼材価格変動のリスクをゼネコンの代わりに国などの公共体がとるということは、結局税金で補うわけですから、このリスクは国民が負担しているのです。

ゼネコン4社の有価証券報告書を読むと、各社とも事業リスクのひとつに「資材価格の上昇」を記し、それをリスク管理の対象として認識しています。LMEで鉄鋼先物が取引されるようになったということは、鋼材価格変動のリスクをヘッジできる時代になりつつあることを意味します。したがってこのリスクはゼネコンがコントロールすべきものであり、国民が負担するものではありません。

その場合、国内の鋼材価格変動をLME先物でヘッジできるかが問

7 グローバル化する鉄鋼価格

題となります。その意味では LME 先物価格と国内価格との連動性を観測することが必要です。承認ブランドに加わるメーカーや受渡倉庫の増減などの動向も注視しておくべきでしょう。

図 9 はほぼ同時期の LME 鉄鋼先物価格と国内の H 形鋼の価格（USD/ton）を並べて示したものです。これらの連動性を観察し続け、価格の国際化に注目していくことが必要なのです。

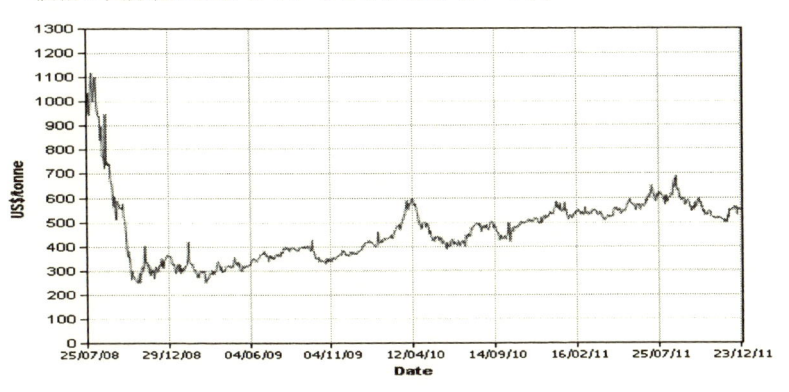

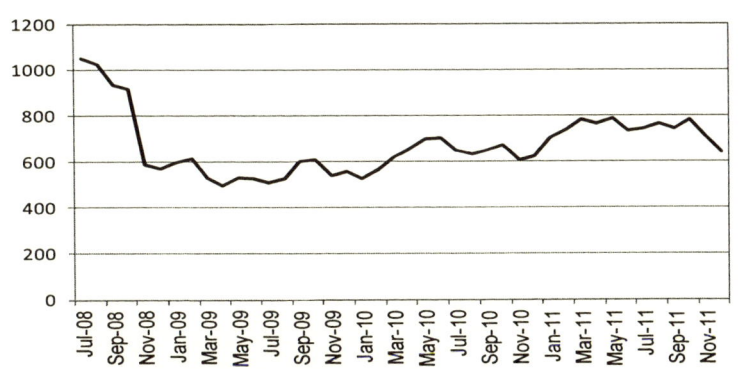

図9 LME鋼材先物価格と国内鋼材価格（USD/トン）
上）LME鋼材先物　CASH　（日次 2008/7/25-2011/12/30）
下）異形棒鋼の国内価格（月次，2008/7-2011/12）
データ元　鋼材価格：日刊鉄鋼新聞とLMEのHP、為替レート：みずほ銀行HP

最近のニュースによると、香港取引所が LME を買収するとのことです（2012/06/16日本経済新聞）。今後は中国市場を軸にアジアの商品市場のグローバル化が進んでいくことになるでしょう。

【参考文献】
LME ホームページ, London Metal Exchange, http://www.lme.com/
三次理加（2010）『商品先物市場のしくみ』PHP 研究所
安岡孝司（2012）『債券投資のリスクとデリバティブ』大学教育出版

8 デザイン・技術・経営のベストミックス
"Concurrent Design"

吉久保誠一

1. デザイン・技術・経営のベストミックス

　技術とデザイン、マーケティングとデザイン、そして経営とデザインの密接な連携は、開発期間の短縮やユーザーニーズの具現化、ビジネスのスピードアップに大きな影響を与え、商品開発のイノベーション形態を大きく変化させつつあります。しかしながら、このような複数の機能ユニット統合型のイノベーション・システムにおいて、各機能の組み合わせからシナージ効果を得るためには、機能間で思想や目標を共有するための共通言語を持つことが必須です。しかもその際に、"レシーバー・アクティブ"がキーワードであることが、数々の事例から示唆されています。ここで言う"レシーバー"とは、製品やサービスを使用する（消費する）ユーザー、あるいはその代理人を指し、技術や素材・資源のプロバイダーとは概念的に区別される存在です。また、"共通言語"とは、文字通り音声言語の形をとることもあれば、意思を疎通させるためのツールの形態をとる場合もあり、表現手段全般を指すものです。イノベーションは、ユーザーのニーズやウォンツを翻訳し表現し、技術や経営資源を呼び込むことによって加速されます。すなわち、レシーバーのアクティビティを高めるようなツールや制度の採用が、統合組織の能力向上にとって普遍性の高い処方箋の一つであると考えてよいでしょう。

レシーバー・アクティブによるシナージ効果は、幅広い分野とシチュエーションで見出すことができます。例えば、トヨタ・システムというプル型生産システムにおけるカンバンは、典型的な共通言語であり、レシーバーである下流工程が表出するニーズを表現しています。コンカレント・エンジニアリングにおけるインダストリアル・デザインでは、下流工程の要求条件を共通言語として、最適設計やモジュール間のすり合わせが実現されます。研究と開発の統合である産学間の技術移転については、科学的知識を共通言語として、レシーバーである産業側の能力拡大があって初めて、実効的な技術移転が実現されます。

　レシーバー・アクティブに基づくシナージ効果が、デザインを利用することによりビジネスにおいても重要な役割を担いつつあることを指摘し、それが企業経営に与えるインパクトを考察します。CAD/CAM ツールを共通言語とする、デザインと技術と経営の統合が、新たなイノベーションの源流として出現しつつある状況のもと、デザイン・技術・経営との関連を分析し今後の方向性を考えて見ます。この考え方を Concurrent Design と表します。

2．今後のビジネスの方向性

　ビジネスの流れを考える場合人間の体に置き換えてみるとわかりやすいと思います。18世紀半ば頃、イギリスで起き欧米諸国へ波及した Industrial Revolution（産業革命）は、動力機械の発明と応用が生産技術に革命的変革をもたらし、手工業から機械的生産方式へ発展させ社会、経済に大きな影響を与えました。この Revolution を第一世代、1st　Generation とすると人間の力、手足を強力にしたものと考えることが出来ます（図1）。

　2nd　Generation は半導体を起点とするコンピュータを中心とした IT ビジネスであり、人の目、耳、口に該当した新たな Revolution と

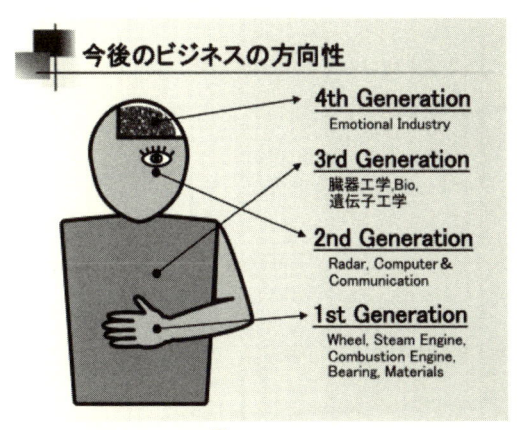

8 デザイン・技術・経営のベストミックス

今後のビジネスの方向性

- **4th Generation** — Emotional Industry
- **3rd Generation** — 臓器工学,Bio,遺伝子工学
- **2nd Generation** — Radar, Computer & Communication
- **1st Generation** — Wheel, Steam Engine, Combustion Engine, Bearing, Materials

図1

見ることが出来、まさに現在の花形ビジネスであり、進化の過程にある産業とみなし得ます。今後の技術の発展とビジネスの関係を見ると人の体の内部に向かっているのではないでしょうか。

ゲノムの解析をベースとした新たな産業分野の創出であり、まさにスタートが切られようとしています。3rd Generation と見ることが出来ます。

さらにその先、4th Generation はどこに向かうのでしょうか。人間の頭脳、特に前頭葉を中心とした産業が生まれるのではないかと予想しています。Emotional Industry と呼べるビジネスが創出されるのではないかと考えます。

この新しい産業について最も重要なことは最終の使用者、利用者が潜在的に望んでいることを研究開発、マーケティングに効率よく結びつけ実践する経営手法であるといえます。

3．経営とデザイン

デザインが単にスタイリング、カラーリングの域を超えて新しい概

念を作りつつあります。コンピュータ機器、特に CG（Computer Graphic）、CAD（Computer Aided Design）、CAM（Computer Aided Manufacturing）を利用することによりデザインが技術・経営に接近、ビジネスの効率化に良い影響を与えています。

マーケットからの情報の可視化、また試作から量産までのコンカレント的な効率的推進については注目を払わねばなりません。

マーケティングの段階、R&D、生産、流通、販売のステップにおけるデザイン的手法は新たな経営としての分野が生まれつつあります。マーケティング活動により得られたデータは主として数字、グラフを中心とした概念提示であり、これを理解することは研究開発、販売、製造さらには流通の各部門においては難しいケースがあります。

ビジネスにおいては Time to Market までの時間を最短とすることが競争に勝つ重要手段であると同時に各部門からの有効なアイディア、ノウハウを可能な限り同時に集めなければなりません。いわゆるコンカレント的なビジネス推進が求められているわけです。この概念を"Concurrent Design"と称し、経営・技術とデザインのミックスの中心として考えて見ることにします。

(1) **デザイン活動**

デザインとビジネスの関係を考えてみると次のようになります。

一般に造形の3要素は形、色そして材料の組み合わせといわれています。しかし、人が使う商品の場合この3つの要素では不足であり、実際の使用場面における"使い勝手"、"コスト"、"大きさ"、そして"質感"を加えたデザインの7要素が必要とされています。これらの要素を実現するためには、技術開発が不可欠ですが、各デザインの要素については感覚、感性等のイメージが先行する場合が多く、形、数字に置き換えることが難しく、"デザイン"という独特の世界を作る傾向が強く、ビジネスとの間に距離が存在し経営者、技術者からは比較的遠い分野とされていました。

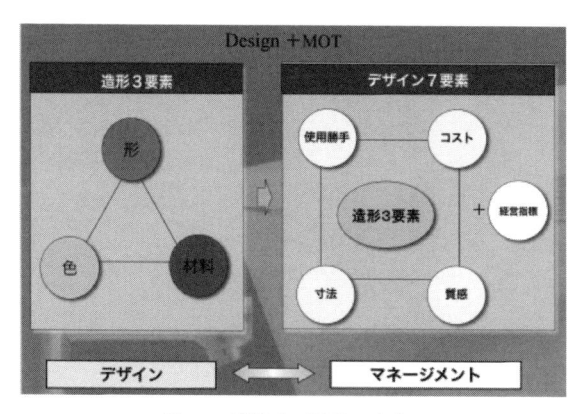

8 デザイン・技術・経営のベストミックス

図2 デザイン要素の変化

ビジネスの分野でのデザインはファインアート、いわゆる芸術とは異なるものです。自分のイメージ・考え方・独自性を強く表現するファインアートに対し、プロダクトデザインは使用者、消費者の欲求を引き出す形が求められ、その考え方には大きな違いがあります。従って経営者、技術者はデザインを理解しなければなりませんし、またデザイナーは経営・技術を理解しなければならない相互接近が求められています（図2）。

（2）デザイン視点及び環境の変化

ビジネスの成功の要件は

A．審美的な視点、Aesthetic Vision（色、形による造形的な美しさの追求）

B．技術的な視点、Engineering Vision（設計、材料、加工技術、人間工学などの追求）

C．市場的な視点、Marketing Vision（マーケットやユーザーの把握、流動、広告宣伝などの視点）

D．経営的な視点、Management Vision（経営戦略、市場、商品

戦略などの視点）
等4つの分野が組み合わされて成功すると考えられます（図3）。

技術・経営とデザインの接近はビジネスを成功させるための一つの条件ですが、さらにデザイン視点を組み合わせることが必要です。特に商品が実使用者に接近する場合留意しなければなりません。

ビジネスにデザイン的な視点を加えることにより、更なる発展の可能性とビジネスでの成功の確率をさらに高める可能性があることを提案します。

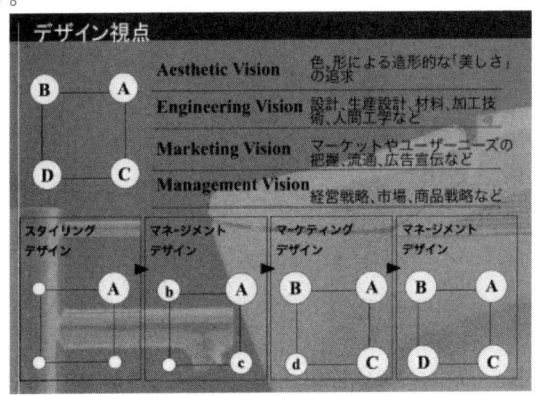

図3　デザインより見た技術、マーケティング、経営との関係

初期的なデザイン活動は技術や販売部門からの要求、主として形状に合わせたスタイリング中心の業務であり、Product Designと呼ばれるものです。第二段階は加工技術を応用し、市場・消費者からのデータを活用するなど、商品企画の中でデザインマネージメントが行われる段階に進むことになります。多様化、差別化に応じたマーケット戦略による市場細分化の動きに合わせてコミュニケーション戦略の中にデザイン業務が参画する段階になるもので Product Design から Marketing Design の段階に入ります。消費あるいは使用される現場での生活環境を考慮したデザインになっています。Marketing Design

においては、人の感性に訴求するデザインが必要であり、生活者の意識を読み取らねばなりません。消費者の心理、欲求を形として表し、技術者にそして経営者に伝える機能もデザイナーに要求されているわけです。

また研究開発で開発された基礎的な機能を使用者、消費者に伝え具体的なイメージを作り上げていくこともデザインの機能として理解しなければなりません。

ユーザーと R&D、技術部門、企画部門、販売部門に形としての情報を伝達する重要なツールとしてデザインを見ることが出来ます。この情報を関連部門が同時に理解し、必要な技術、ノウハウを初期の段階で同時に収集し Time to Market を短縮することが可能です。これが "Concurrent Design" であり、経営・技術・デザインのベストミックスと呼ぶことができます。

実使用者と商品の距離が近くなり、商品企画、研究開発に実使用者の要求を組み入れなければ市場での成功は難しく、マーケティング情報を具象化するためデザインの機能が有効であり経営に接近させる必要があります。

また事業は一般的に単体、複合体、システムというように領域を広げていくのが一般的であり、デザインについても単体商品より対象となる空間まで研究しなければなりません。このような業務領域の拡大は、経営・技術・デザインの距離が離れやすくなるので注意を払わねばならなりませんが、技術シーズ・生活のニーズ、それを具現化するためのデザインを常に経営の中で機能させることがビジネスを成功させるための有効手段であることが理解できます。

4. "Concurrent Design" の変遷と現状

技術者・経営者がデザインを理解しなければならないといっても、色・形状・質感に対して、"もう少しシャープに"、"もう少しソフト

に"或いは"暖か味を加えて"などの言語情報ではコミュニケーションが成立しないのは当然ですし、デザインと経営者、デザインと技術者の情報交換を成立させるための共通言語が必要とされます。CG (Computer Graphic)、CAD (Computer Aided Design)、CAM (Computer Aided Manufacturing) を中心とする電子機器の組み合わせが共通言語となります。

デザインツールの今までと、3次元システムの現在について考えてみましょう。

ツールの発達は経験と感性をベースとするデザインが、数値分析可能な世界に入ったことを意味しています。デザインの世界である"感性"、"感覚"についてもCGを利用し、CADとCAMを組み合わせることで、ビジュアル化・具象化することが可能です。経営者・技術者はこれらのツールを利用し、デザインを身近に置くことが出来るようになった今、商品を中心としたビジネスの成功プロセスが大きく変化し、スピードを加速させるいるこれらの条件を理解しなければなりません。

(1) デザインツールの今までと現在

今までのデザインプロセスを見てみますと、アイディアスケッチを考え、色鉛筆とマーカーの作業の結果をマネージャーと相談、図面化するのが一般的でした。この図面に従い、クレイ・石膏・プラスチック等を利用しモデルを製作、技術者とマーケティング部門との打ち合わせ後、試作の段階に入っていくことになります。ステップバイステップであり経営の参画する余地は少なく、生活者の意識、市場環境の変化、社会状況の変化等は断片的に商品に影響を与えるにすぎません。

しかし、CGを中心とする電子機器の応用がデザインの中心となった現在、技術・経営・マーケティングの同時参画が商品企画の初期段階で可能であり、狙いの商品に対しビジネスのノウハウを結集することが可能であり（図4）、"Concurrent Design"のスタートです。

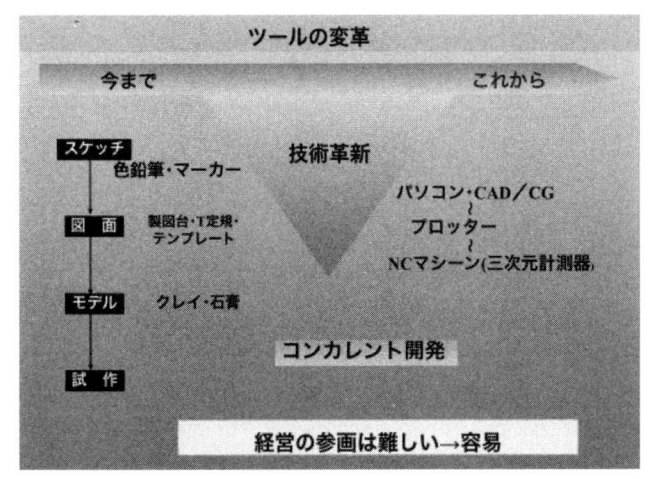

図4 デザインツールの変化

(2) "Concurrent Design"の実際

商品企画から量産までをプロジェクト化し、コンカレント開発体制で進めることは、期間短縮を中心とするビジネスの効率に大きく貢献していることは良く知られているところです(吉久保・鈴木(2005))。このプロセスの中で経営的にもっとも重要なことは、全てのフェーズを可視化し、誰でも、どの工程でも理解できる状況にしたことです。

特にデザイン課題に対し、経営層を含め関係者がどの段階でも理解できるようにすると同時に、多くのノウハウを集約することが可能になった点は大きな影響を経営に与えています。

特に三次元CAD・CGでのデザイン検討は商品の"印象"、"質感"等の言語情報を数値化することが可能になり、ビジネスの成功確度を上げるうえで不可欠であるといえます。さらにCGの情報は従来の研究開発、設計試作にも大きな影響を与えています。

商品の各パーツに対する研究開発も商品全体のイメージを考慮しつつその基本仕様を決めることが可能となり、品質の安定、コストの削

減、納期短縮に計りきれない好結果を与えています。

　CGからのデータをCAD、CAMと連動させることにより、商品全体ばかりでなく商品の各部位までも試作可能となり、商品企画・デザイン・技術開発、さらには経営の効率的運営が可能となりました。これらのツールを利用して、社内運営の効率化、問題点への対応がビジネス成功の条件です。

　商品のサイクルを分解すると、マーケティング・商品企画・デザイン・設計・製造・販売・実使用・メンテ、サービス・廃棄、再生等のサイクルを出来るだけうまく同時に進行するかがデザインに求められています（図5）。

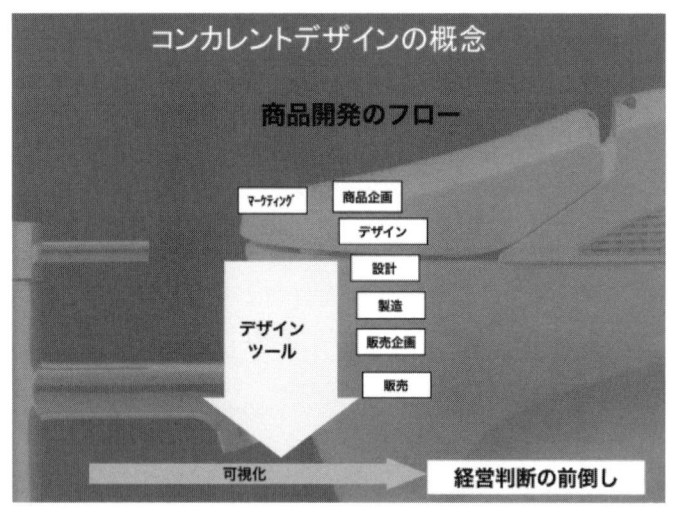

図5　コンカレントデザインの狙い

　ステップ式よりコンカレントへの移行が重要であると同時に、何れの場面に対しても可視化させ、ノウハウを集約させることが経営のポイントです。

　CGより得られた形状は、即数値データに変換された情報とみなす

ことが出来ます。このデータはモデリング、設計解析、試作・研究を担当する全ての部門が共有でき、各部門の評価・検討結果を経営者は直接触れることが可能で、経営上の判断がビジネスの早期の段階で出来ることを意味しています（図6）。

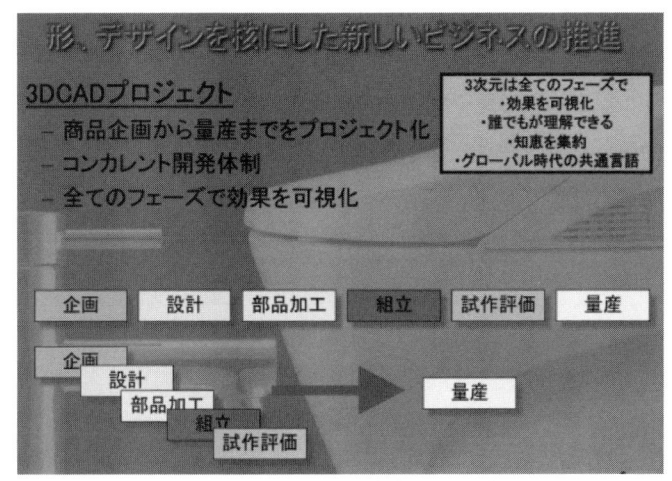

図6　コンカレントデザインの概念

5．水周り設備機器の現状と空間への展開事例

商品仕様を決定する重要な条件に QCD（Quality, Cost & Delivery）の要素があります。この3つの条件設定次第で市場での成功、競合での勝利が得られるか否かが決まることが多いことを認識しなければなりません。

特に"Q"については、商品に関する技術"ハードウェアー"についての Quality のみでなく、商品企画、デザインについても包含されることを認識しなければなりません。商品企画の中でのデザインの表現です。"スッキリした感じ"、"キレイな感じ"、"モダンな感じ"などのニーズが顕在化してきたことに対応しなければなりません。これ

らのニーズに対し"何を"、どのように具体化させるかが重要であり、このような言葉の表現を商品企画が必要とする数値に変換された目標値、仕様にしなければビジネスのコミュニケーションが成立しません。

一般的に市場からの要求は"優美"、"清潔感"、"快適性"等のように感性を言葉にしたものであり、これらの言葉の要求で商品開発を進めさせることは出来ません。

従来これら言語表現での要求は顧客の"感性"であり、研究開発、経営者、営業には概念的な理解としての範疇を越えることが出来ず、数値化、或いは形に変える必要が求められています。

トイレ空間におけるモデルであるが（図7）、これらの商品は何れも"美しく"、"モダン"、で"優しい"感じの商品といわれた感覚的言語データを数値化、商品化したものです。これらの商品を通じデザイナー、マーケティング担当、開発技術者がこれらの情報、概念を形に変換し、商品化した過程を分析し具体化する方式を提案するものです。

トイレ空間について見ると、デザインとマーケティングのコラボレーションにより、WL（ウォッシュレット）を中心としたトイレ空間のテイスト設定することになります。言葉で表現すると、シンプルモダン、シック、カジュアル、ナチュラルモダン、ジャパネスクなどいろいろな分野に切り分けることが出来ますが、これらの狙いの方向に対し、形状・材質・機能を研究し、商品としてのQCDを決めなければなりません。

このプロセスの中でデザイン機能が研究、技術、経営とどのように関わり、関係しているかを分析し今後の取り組み方を明らかにしていきましょう。

図7　トイレ空間例

8 デザイン・技術・経営のベストミックス

(1) 具体的事例

ウォッシュレットを取り上げ、快適な空間創出への発展を分析、デザイン・技術・経営のベストミックスのあり方を明らかにしていくと同時に、ケーススタディとしてトイレ空間における設備機器の展開事例を通して技術、経営とデザインとの関係を明確にしていきます。

WLのデザインの大きな流れを見ると、便座(シート)と洗浄機構を組み合わせたシート単体としてのWL単品がスタートですが、次の段階として、便器との組み合わせによる便器一体型に進むことになります。

さらに発展して、便器一体型をトイレ空間にどのように配置し、アクセサリーとのコーディネイトまで考えたデザインへとつながります。

これらデザインの変化はビジネス規模の拡大を意味しており、床・天井・照明・ドアなど、空間トータルの商品に変化していくことになるわけです。デザインがWLビジネスを変化させることになる過程を示します(図8)。

ウォシュレットに見るデザインの変化

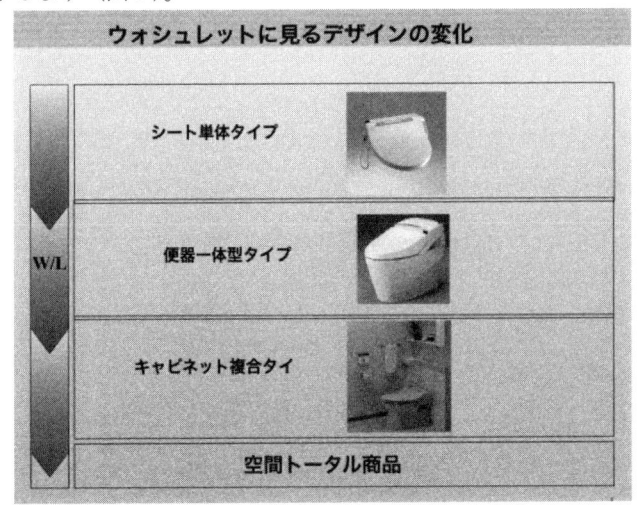

W/L
- シート単体タイプ
- 便器一体型タイプ
- キャビネット複合タイ
- 空間トータル商品

図8 WLデザインの変化

これらのトイレ空間に対し今後、WL・便器・アクセサリーをどのように組み合わせ、ビジネスユニットとしていくかを見極めねばなりません。

　WLデザインの変遷を技術・マーケティング・デザインの関係で見てみると大きく4つの段階に分けることが出来ます（図9）。

　第一段階である1980年代初期のデザインについては、技術的に完成した各機能部品を効率よく配置、一定の形状に収めるカバーリングデザインであり、技術主導で開発が進められ、マーケティングがバックアップ、そしてデザインは付属的な関係でした。

　第二期デザイン時代は1985年代に見ることが出来ます。商品の形態・操作性・外観まで含めたファンクショナルデザインの段階に入りました。技術主導、しかし市場からの要求を商品に反映させる必要性が強くなったため、技術開発とデザインは必然的に接近せざるを得ませんでした。

　現在はコンカレントデザインと呼ばれる第三期デザイン時代に現在入っています。3DCAD、CGを利用したデザインイメージがビジネスのスタートになり、技術とデザインはイコールパートナーの存在となっており、これら部門の連携、理解の程度がビジネスの成功のポイントであるといっても過言ではありません。

　今後のデザインは、WLについて、或いは水周り商品についてどのように変化するのでしょうか。当然予想されることはCGを中心とする各種ツールの最大限の利用、技術・マーケティング・デザイン・経営の各機能連携の強化も、より必要となってきます。しかしデザイン機能により大きく要望・期待されることは、WLが使用される空間のテイストを見ることです。どのような空間でWLが存在し、使用されているかを把握しなければなりません。すなわちデザイナーがビジネスの方向性を見出し研究開発に影響を与えることを示唆していると言えます。

8 デザイン・技術・経営のベストミックス

			テクノロジー	デザイン	マーケティング
'80 初期デザイン	カバーリングデザイン		◎	> ○	△
'85 第2期デザイン	ファンクショナルデザイン		◎	> ○	> ○
'97 第3期デザイン	コンカレントデザイン		◎	> = < ◎	○
第4期デザイン	エモーショナルデザイン		◎	= ◎	= ◎

ウォシュレットデザインの変遷

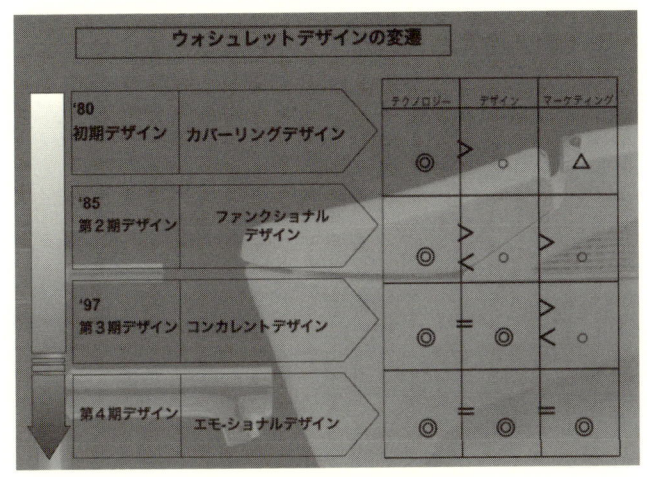

図9 WL デザインの変遷

(2) マーケティングとデザインの関係

　3次元 CG によるデザインの検討は、必然的にデザイナーを、より最終ユーザー、流通そして研究開発に近づけることになり、デザイナーが入手する情報量自体も格段に増加することになります。デザインのアイディアを3次元 CG 化することにより、印象評価や質感評価、カラーリング検討を行うことが可能となり、デザインのスタート時に最終商品のイメージが具体的に把握されることになります。

　また、CG と連動した3次元 CAD により構想設計を行い、生産現場での作業性や協力企業の意見の取り入れなど、実生産上の問題点を早期の段階で考慮することが出来ます。さらに、CAM（Computer Aided Manufacturing）による RP（Rapid Prototype）製作によって、画面では理解し難い触感と素材感を確認することが出来、デザイン画の検証、マーケットからの反応、価格とのマッチング、広告宣伝の方法、流通の問題など、幅広い面からの検討を同時並行的に実施することが可能です。

このような、技術や市場情報・エンドユーザーへの接近はデザイナーの仕事にも大きな変化を与えることになり、技術への接近、技術内容の習得に加え、マーケティング部門との連携の強化です。その結果マーケティングにデザイン機能を加えることにより、潜在的なニーズ、或いは欲求（Wants）に近い商品イメージの具現化が極めて早い段階で、技術開発のスタートする以前に表現することが可能となり、商品開発の進め方を一変させつつあります。

　最終ユーザーである実使用者の視点から見ると、トイレに対しては、"清掃性"、"デザイン"、"脱臭を含むWL機能"が三大要求であることが、TOTOの商品開発の方向性より明らかにされました（TOTOウォシュレット事業部(2001)）。

　これを基に、デザイナーとマーケティング部門の関係は更なる発展に進むことになります。

　WLと大便器の合体です。このためトイレ空間に対するバランスとユーザーの"美"への要求、清掃性の確保を商品に反映させるための形づくりが先行することになります。

　ここでまた新しい要求が発生します。大便器にセットされている洗浄水用タンクの削除・小型化に対する更なる要求です。全体のコンパクト化の追求は、トイレに対する不満のキーワード"清潔"と"収納"への対応を可能とする重要な仕様です。技術面での要求事項は、1）汚れのつき難い衛生陶器の研究開発・実用化、2）タンクをなくし、新しい流水形態での汚物搬出洗浄技術の確立、3）清掃性向上のための凹凸部分の削除の各項目であり、それぞれに対する技術開発が必要でした。

　汚れの付きにくい衛生陶器表面の改質については光触媒超親水性技術、など表面改質技術、タンクをなくす流水方式については水路・流量変化の組み合わせによる新流水方式の開発、清掃性の向上は便器の周辺のリムをなくす"フチなし"構造の開発で、各要求項目に対応し、

便器全体としての構造が確保されました。

このように、マーケティングとの連携で得られたデザインをベースに、解決すべき新しい技術項目が設定され、研究開発が進行する商品開発が進められるようになったわけです。デザイン作業は"Product Design"から"Industrial Design"を経て、"Marketing Design"の段階へと変化していったのです。

このマーケティング・デザインで注目すべき点は、マーケティング調査の結果が、"住宅の中におけるトイレ分析"、"リモデルの現状"、"価格&性能"等、その多くが言語情報であり、商品開発を進める際の要求仕様に変換し難い点です。たとえば、

- トイレ全体に対する分析
- 清掃、汚れについてのユーザー分析
- 大便器に対する満足度

などの結果を直ちに商品開発の具体的仕様に変換することは出来ません。

商品としてのイメージを作る必要があり、そのイメージをフィードバックして、マーケティングを実施する事前研究が商品開発成功の"鍵"であるといえます。しかしながら、マーケティングのデータは何れも感覚的な表現であり、具体的な商品への要求仕様に直接的変換出来ないことが多く見られます。しかし、このような情報を与えられたデザイナーは、感覚的なデータ・形状を CG、CAD、CAM 等で形状、数値に変換出来ると同時に技術開発の目標を明確にする機能まで有するようになりました。

６．今後のデザインの方向性

従来のデザイン部門に求められていたのは、技術・販売部門からの要求に合わせて色や形を処理するスタイリング中心の業務が主体であり、デザイナーに求められる重要な能力は、表現能力やプレゼンテー

ション能力でした。

　しかし現在では技術の進歩に加え、市場・消費者データの活用が商品の開発に大きな影響を与えており、デザイナーもこの動きを理解しなければならない状況にあります。さらに、多様化や差別化に応ずるためのマーケット戦略による市場細分化の要請に応じたコミュニケーション戦略も加味され、デザイン業務の幅は大きく広がっています。

　さらに今後のデザインの方向性としては、技術革新や市場環境、社会環境の変化に加え、生活者である実使用者の意識変化をも見込まねばならない"Concurrent Design"の時代に突入していくでしょう（図10）。

　衛生機器を例としてみると、実使用者のニーズには、単なる商品の改良・改善的なものから、トイレ空間全体、或いはトイレ機能と他の機能との合体まで含む大変幅広いものがあります。　この感覚・感性的な要求を数値化・具体化することが、ビジネスを成功させるための大前提であり経営・技術とデザインをベストミックスさせる必要性が

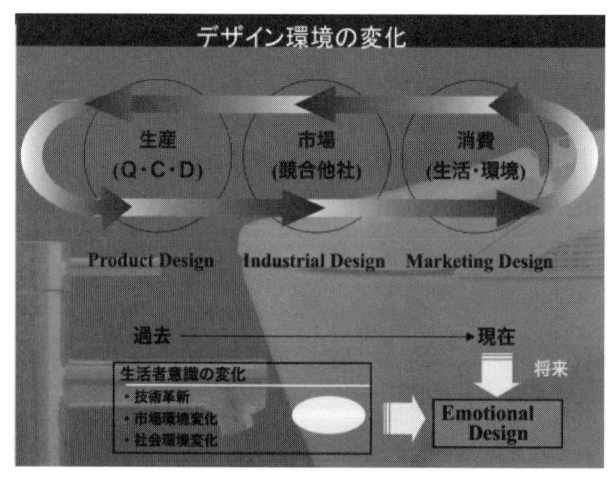

図10　デザインの環境変化

示唆されています。

　経営者や技術者がデザインを理解しなければならないといっても、色・形状・質感に対して、"もう少しシャープに"、"もう少しソフトに"或いは"もう少し暖かさを加えて"等の言語情報のみでは、コミュニケーションが成立しないのは当然です。関連する部門の視点を意識しながら、CG・CAD・CAM・CAE を中心とする情報処理機能との組み合わせ共通言語にしなければなりません。このようなツールの発達は、経験と感性をベースとするデザインが、数値分析可能な世界に入ったことを意味しています。

　また商品に対するデザインの変化は技術的完成を待って取り掛かる単なる商品の Product Design から、関連商品、競合他社の状況を加味した Industry Design、市場動向から社会環境まで考慮した Marketing Design に変化しています。

　しかし実使用者の感性的要求を形に変え関連部門の知恵を早い段階で結集する Concurrent Design の概念が今後のビジネスにますます求められてくるでしょう。

　デザインに対し芸術的、創造的能力に加え CG、CAD、CAE、CAM の情報処理機器を駆使して技術、マーケティング、経営との距離を接近させることがビジネスの成功の大きな要因となっていることを分析し経営の有効な手段となるモデルとして提案しました。

　しかしデザインと技術・経営のベストミックスは、自然発生的に達成されるものではなく、このようなシステムの構築はビジネスにおいて慎重に"デザイン"され、商品との関連において適切に実施されねばなりません。

【参考文献】
児玉文夫（2007）『技術経営論』オーム社
吉久保誠一、鈴木潤（2005）「デザインと技術・経営のベストミックス」、『組織科学』Vol.39, No.2
吉久保誠一（2007）「オープンイノベーションによるプラットフォーム技術の

育成プロセス」学位論文(芝浦工業大学)

Aoshima, Yaichi(1993) "The Japanese Style of New Development and the Computer-based Concurrent Engineering: A Comparison with the Boeing 777 Development Process," Discussion Paper No.17.

神保祐子、平林千春(1993)『水を極める―― TOTO アクアマーケティング戦略』ダイヤモンド社

TOTO ウォシュレット事業部編(2001)「お尻を洗って20年」TOTO ウォシュレット事業部

9 サービス・イノベーションの拡がりとIT活用の進化

碓井　誠

1．サービス化の背景と核心

　サービス産業の進展には目覚ましいものがあります。経済産業省の統計でも、サービス産業は GDP の7割を占め〔1〕、就業人口比率や消費支出統計でも7割近い水準に達しています〔2〕。更には製造業のサービス化も進展しており、その中間投入合計額の10～20％がサービス投入額と言われています。

　サービス産業の進展は又、製品とサービスが緊密に結びつく中で新たな価値を生み出し、社会のサービスニーズに応えて来たと言えます。アップルの映像・音楽配信サービスも iPod、iPhone、iPad と iTunes、YouTube のコンテンツを組合せた情報化時代の新たなソリューションです。

　こうしたサービス化の急速な進展の背景には、製品とサービスの単なる連携だけではない新しい流れがあります。そこには、従来型の産業・行政・学問サイドからの製品・サービスの開発・提供に代表される需要供給型社会を越えた新しい価値創出のメカニズムが働いています。iTunes のコンテンツは、従来消費者であったユーザー自身が自ら楽曲をアップロードしたり、音楽を中心とした様々な情報を共有しています。こうした情報は又、Facebook や他の SNS（ソーシャル・ネットワーク・サービス）を通して大規模且つグローバルなネットワ

ークを形成しており、サービスそのもののみならず、流通チャネルや他分野連携を切り拓く新たなイノベーションの流れを創出していると言えます。

明らかに従来のサプライチェーンとは異なる参加共生型の価値創出モデルが生まれています。こうしたパラダイムシフトを筆者は「生活者起点の価値共創社会」の誕生と呼んでおり、新たなサービス・イノベーションの幕開けと考えています。本稿ではサービス・イノベーションの進展とこれを支える IT 活用の進化について考察を加えていきます。

サービス・イノベーションへの着目は、2004年に米国の新成長戦略（パルミザーノレポート）にサービスサイエンスとサービス・イノベーションが取り上げられたことに端を発します。各国はこぞって政府機関や大学での研究、推進活動を開始しています。日本に於ける当初の取組みは拙著によるまとめがありますが、行政やその外郭団体、大学などに活動が偏っており、サービス産業自身の活動へと広がるよう、今後一層の注力が望まれる状況にあります〔4〕。

当初の活動の位置付けは、サービス産業の生産性向上、とりわけ労働生産性に重点が置かれ、製造業のノウハウを活用して製造業と並ぶ双発のエンジンとしてサービス産業を再生するとの政府方針からのスタートでした。ここでは、時代の変化の具現化としてのサービス化の認識の不十分さと、製造業とサービス産業を対峙、対比する古典的産業観が色濃く、両社を統合した枠組みを創出するイノベーションの視座は乏しいと言えます。

サービス化の流れは産業の生産性向上やイノベーションの考察に留めることなく、その背景にある人々の価値観の変化と充足、社会の課題解決への取組みとして考えるべきです。

サービス化の背景にある社会の変化の流れを整理してみると図1のようになります。

図1は、横軸に社会の進化を、売り手社会、買い手社会、価値共創

9 サービス・イノベーションの拡がりとIT活用の進化

	売り手社会	買い手社会	価値共創社会
質・価値	生存、生活改善 大量消費社会 勤労社会、国家 高度消費社会 利益＝価格－コスト 血縁、地縁、職縁 十人一色 →	経済価値の向上 地域・グローバル化、国際競争力 利益＝市場価値－コスト 十人十色 価値の広域化 →	安心・安全と経済・環境・文化的充足 サービス社会 循環型社会 国際共創力 利益＝多様な価値の充足と適正化 一人十色 好縁、絆縁、縁のオープン化・多様化
チャネル・プロセス	供給者のイニシアチブ 産業・行政・社会の個別型 チャネルと階層プロセス リアルチャネル、恐竜の首 縦割型階層管理社会	市場原理、消費者イニシアチブ 産業・行政・社会の サービス化、オープン化 リアル＋バーチャル ロングテール 開放途上型競争社会	生活者主権 脱動労社会と新地域創造 産業・行政・社会の枠組みの革新 とプロセスの横串化と連携 リアル×バーチャル×グローバル 参加交流型、共創共生社会
リソース配分	規制と保護管理 自前主義とグループ経営 経営・社会資源の管理と規制	規制緩和と競争原理の拡大 水平・垂直連携 経営・社会資源の偏在とグローバル化	労働市場の国際化 ワークライフバランス 価値指向のイノベーション グローバル・異業種連携・NPO 官－民 経営・社会資源の開放と再配分
IT・技術・手法	規模・標準、結果管理型Mgt. 行政・企業の独自システム パソコン メインフレーム時代(高価、専用) 自動車、電機 業務効率化へのIT活用 サービスマニュアル化と属人的差異化	市場原理、競争理論、仮説-検証型Mgt. インターネット、ブロードバンド Eコマース ITのオープン化 リアルタイム化 モジュール化 半導体、通信、エネルギー 経営戦略実現のためのIT活用 サービスノウハウの共有とナレッジマネジメント	価値共生、連携、共創、プロセス支援型Mgt. リアルとネットのチャネル・サービス・プロセスの連動とテーブ革命 WebX.0 ユビキタス化 バイオ、素材、ナノ、エネルギー、ロボット、環境等の新技術 IT革新による経営改革・社会改革 サービス革新への科学的・工学的アプローチ

図1 社会の変化と価値共創社会のイメージ

社会として表現し、縦軸に世の中を構成する主要要素として、価値観とプロセス・チャネル、リソース配分の3つを上げ、下段には、変化と革新を推進する基本技術である IT と技術革新、経営手法について整理しています。

多くの方々の意見やキーワードを上記の枠組みで列記したレベルですが、世の中の動きを整理する際のフレームワークの1つです。

ここからわかることは、世の中の変化とは、価値観の変化であり、経済的価値や競争社会への偏りから、安心、安全や環境面、文化面での充足を求める共生・共創社会へと向かっていることが理解できます。プロセスやチャネル革新は新たなビジネスモデルと表現することもできます。それは、これまでのサービス提供者たる産業・行政・社会の枠組みの革新であり、例えば、生活者の日常を軸に健康な暮らしの為のサービスが統合・ワンストップ化して、提供される新たな枠組みの創出などです。ここには提供者との連携と生活者起点での組立てと共

創が必要であり、参加交流型共生社会がキーワードです。

リソース配分の見直しは、制度や規制の改革と労働力や予算配分、オープンな競争と格差の適正化や、社会保障や少子高齢化対策など多くの課題への取組みです。ここには共創・共生の考えの下に、既存社会の膨大な無駄や過不足を生活者起点で見直すことによる改革の可能性も大きく含まれています。

世の中は価値観や期待だけでは動かないのです。このプロセスとチャネル、リソース配分こそが社会の構造を型作っており、その改革こそが構造改革といえます。

下段の技術活用の流れにあるように、技術革新は幅広い領域で強力に進展しています。この流れをエンジンとして活用し、新たな価値観を、どう形に、プロセス・チャネルとリソース配分という社会構造へとデザインしていくかが課題であり、その取組みの基本も生活者起点です。

産業活動を主軸に企業と行政が価値形成の主役であった時代に対し、高齢化社会の進行や生活者主導のコミュニティ形成、SNS、C2C などの情報・取引の交換システムが醸成され、従来型の産業社会の外に新たな世界が広がりつつあります。2011年3月14日にYahoo! JAPANは開設以来最大の1日23億6500万ページビューを記録しています〔5〕。マスメディアが充分に機能しない状況下で、コンシューマメディアが果たした役割は、IT による生活者起点の WEB ワールドが出現したと言うに値する出来事と言えます。

価値共創社会のイメージは、マーケティングの世界では数多く取り上げられており、社会の変化の分析も含めて上原の研究でも、操作型マーケティングから協働型マーケティングへのパラダイムシフトとしてまとめられています〔6〕。更により社会的な変革の流れとしては、マイケル・ポーターの2011年の論文「共通価値の戦略」の中でも社会的価値と企業価値は両立させるべきだと強調されており、一つの流れを形成しています。

2．サービスの定義とその広がりと構造

　サービスの定義は様々ですが、サービスを主体に産業の変化を捉えるサービス・ドミナント・ロジックの認識は、ますます広がりを見せており、吉川が提唱する「製造業の生産する製品は、サービスの増幅装置である。」[6]との見方では、製造業とサービス産業は一体化して捉えられています。更に筆者の定義では「サービスとは人・物・金・情報を対象として、これを目的に応じて取り扱うに当たり、その支援とこれに伴う付加価値を提供する機能である。」と捉えており、「提供者と受給者の相互作用や、共創、非営利活動も含む」ものと考えています。「目的とは消費、所有、専用、貸借などを含む概念であり、付加価値とは品質、機能、利便性、健康、効率性、効果性、コストベネフィット、安心、安全、好感度、満足度、信頼度、幸福感、美味しさ、楽しさ、節約、エコなどといったものです。」

　この定義は、余りにも広過ぎるとの指摘もありますが、サービスの広がりを領域別に整理すると共に、顧客接点である直接的サービスを支えるインフラ部分の検討を加えてみると、サービスのフレームワークが見えて来ます。

　図2は、この広がりを4領域に分けて説明しています。勿論各領域が個別に発展するのではなく、重層的に重っています。

　まず、サービスの進展はその領域の広がりとも言えます。サービスは当初、個人的なサービス、対面的なサービスを基本として顧客の満足度を基準に進化して来たと言えます。サービスマーケティングの視点で顧客接点を中心に、サービスの「無形性」、「同時性」、「消滅性」、「変動性」の切り口からサービスの特徴を議論したのが主にこの領域です。

　この基本を踏まえ、サービスが産業として進化する中で、価値提供と生産性の向上を目指し、産業のモジュール化の流れの中でバリューチェーン形成を図ったのが、次の領域です。

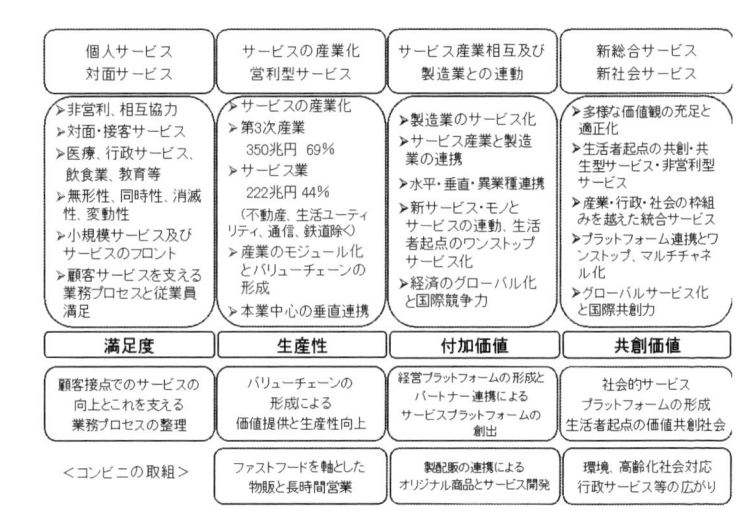

個人サービス 対面サービス	サービスの産業化 営利型サービス	サービス産業相互及び 製造業との連動	新総合サービス 新社会サービス
➤非営利、相互協力 ➤対面・接客サービス ➤医療、行政サービス、飲食業、教育等 ➤無形性、同時性、消滅性、変動性 ➤小規模サービス及びサービスのフロント ➤顧客サービスを支える業務プロセスと従業員満足	➤サービスの産業化 ➤第3次産業 　350兆円 69% ➤サービス業 　222兆円 44% 　(不動産、生活ユーティリティ、通信、鉄道除く) ➤産業のモジュール化とバリューチェーンの形成 ➤本業中心の垂直連携	➤製造業のサービス化 ➤サービス産業と製造業の連携 ➤水平・垂直・異業種連携 ➤新サービス・モノとサービスの連動、生活者起点のワンストップサービス化 ➤経済のグローバル化と国際競争力	➤多様な価値観の充足と適正化 ➤生活者起点の共創・共生型サービス・非営利型サービス ➤産・行政・社会の枠組みを越えた統合サービス ➤プラットフォーム連携とワンストップ、マルチチャネル化 ➤グローバルサービス化と国際共創力
満足度	**生産性**	**付加価値**	**共創価値**
顧客接点でのサービスの向上とこれを支える業務プロセスの整理	バリューチェーンの形成による価値提供と生産性向上	経営プラットフォームの形成とパートナー連携によるサービスプラットフォームの創出	社会的サービスプラットフォームの形成生活者起点の価値共創社会
<コンビニの取組>	ファストフードを軸とした物販と長時間営業	製配販の連携によるオリジナル商品とサービス開発	環境、高齢化社会対応行政サービス等の広がり

図2　サービスの広がりと4つの領域

　そして、サービスは更に、外部企業との水平・垂直・異業種連携を踏まえ、製造業との連携やグローバルでオープンな競争力を持ち、ワンストップサービス化も果たしつつあります。経営プラットフォームの上に様々なサービスが提供され、新たなサービス領域が生まれています。セブン-イレブンのビジネスが示す様に、物販を軸に宅配便や金融決済、チケット販売やネットサービス等を日常生活のワンストップサービスとして提供するサービス領域がこの例です。

　更にこれからの、正に価値共創社会のサービスは、より社会性を増し非営利型サービスや生活者コミュニティを包含して、企業と社会が共創して価値創出を図っていくことになると思います。「生活者起点の価値共創」型サービスとなると思われます。既に東京都の広さで人口22万人の超高齢社会である能登半島地域では、恵寿総合病院を中核病院として地域病院との連携を軸に、介護やリハビリ、健常者の健康維持を一気通貫で支援するヘルスケアサービスへの取組みが成されて

9 サービス・イノベーションの拡がりとIT活用の進化

います。「医療崩壊」＝「地域崩壊」を食い止める為の地域ぐるみの献身的な取組みで、電子カルテを100の医療機関が共有しています〔7〕。

それでは、具体的な事例としてセブン-イレブンの ATM サービスについて紹介します。

ATM 事業を軸としたセブン銀行の取組みは、1998年に利便性を提供する小売業としての新サービスを目指し ATM 運営会社構想として検討をスタートしています。このサービス領域は正に第3の異業種連携によるサービスプラットフォームの拡充と言えます。

セブン-イレブンのシステム部門と SI パートナー、金融コンサルタント、警備会社等を加えたプロジェクトは、金融機関の既存の ATM サービスに対して、3分の1のトータルコスト（ハード、ソフト、通信、警備、現金搬送、保守、コールセンター等）で事業化を実現するモデルを組み立て、1999年秋には都銀4行の参画を得て事業化の覚書を締結するに至っています。

この背景には、小売業のサービスインフラ上に ATM サービスを実現する為の Windows ベースの ATM 開発や、IP 技術での決済ネット構築などオープンアーキテクチャーの徹底的な活用があり、パートナー企業の新技術への挑戦とシステムインテグレーションサービスの総合的な支援がありました。

コンビニに寄せられる日常的な生活者ニーズからスタートし、プロジェクト参加企業との共創と技術革新の下に組み立てられたプランに、当時リストラの最中にあった銀行が参画したと言うのが実情です。金融事業でも生活者起点の利便性提供に基づく新たなサービスインフラ形成の取り組みが効果を上げた訳であり、銀行という既存のサプライヤーの支援に頼るのではなく、生活者のニーズと価値基準を基にビジネスデザインが進められました。

後に金融庁の銀行認可規準の緩和によりセブン銀行は誕生し、2010年度には年間5億3,140万回の利用と18兆3,160億円の決済がセブン-イレブンの店頭で行われる様になり、国内最大級の小口決済拠点となっ

ています。生活者の利便性を追求し、提携金融機関も567社に上り、行員322人で経常利益274億円（2010年）を生む事業へと成長しました。圧倒的コスト競争力と利便性提供を背景にサービスの広がりとコストの低減は継続しており、ATMへの現金搬送の頻度も2004年の月3.5回から2009年は1.7回へ減少しています。このノウハウもPOS情報分析に見られる店舗別の顧客、商品の分析手法を応用し、店舗別金種別入金・引出し予測に基づく現金搬送システムを運用しています。

サービスがその領域を広げるに伴い、それを支える技術やソリューションも高度化し新たな汎用インフラが形成されています。ここで実現された従来比で3分の1のコストパフォーマンスは今では誰もが使える汎用的な技術となっています。そこではサービスと技術・製品は一体化したデザインの下に統合されています。

続いて、サービスは各領域の重層的な重なりと共に、顧客接点を支える深さが重要であり、サービスを構造的に捕えると共に、サービスを支えるインフラ部分の構築がいかに重要かについて説明します。

サービス・イノベーションの領域は、これ迄の顧客接点中心の取り組みから、これらを支えるサービスインフラのデザインへと広がっており、このインフラが顧客接点での競争力にも増してサービス価値と差別化の源泉となっています。そして、レストランとコンビニでもこのサービスインフラは大きく異なり、共通する部分と差別化する部分から形成されています。

図3は、最上部に顧客接点である直接的サービスを表現し、これらを支える間接的サービス、サービスインフラ、そして企業のもつ上位3層を支える社会的サービスプラットフォームをイメージしてサービスの構造的な組立てを説明しています。

まさに図2のサービスの広がりと対応して、サービスを支える根が深く張られてインフラ機能が強化される姿を表しています。最も基本となる直接的サービスの領域は、これ迄もサービスマーケティングやサービスマネジメントの視点から深い洞察が加えられています。

9 サービス・イノベーションの拡がりとIT活用の進化

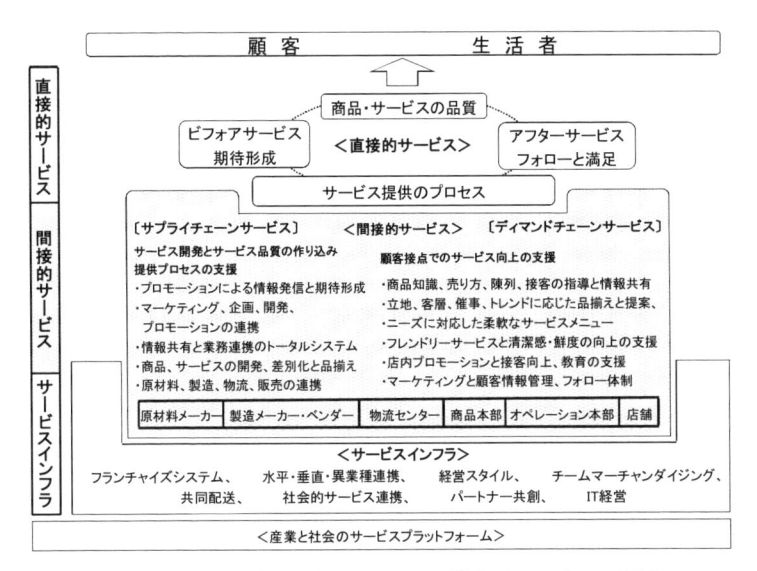

```
                          顧 客        生 活 者
                              ↑
直                    商品・サービスの品質
接       ビフォアサービス                アフターサービス
的       期待形成        <直接的サービス>   フォローと満足
サ
ー                  サービス提供のプロセス
ビ
ス      [サプライチェーンサービス]  <間接的サービス>  [ディマンドチェーンサービス]
間      サービス開発とサービス品質の作り込み   顧客接点でのサービス向上の支援
接      提供プロセスの支援
的      ・プロモーションによる情報発信と期待形成 ・商品知識、売り方、陳列、接客の指導と情報共有
サ      ・マーケティング、企画、開発、         ・立地、客層、催事、トレンドに応じた品揃えと提案
ー        プロモーションの連携              ・ニーズに対応した柔軟なサービスメニュー
ビ      ・情報共有と業務連携のトータルシステム   ・フレンドリーサービスと清潔感・鮮度の向上の支援
ス      ・商品、サービスの開発、差別化と品揃え   ・店内プロモーションと接客向上、教育の支援
        ・原材料、製造、物流、販売の連携        ・マーケティングと顧客情報管理、フォロー体制
サ
ー      原材料メーカー|製造メーカー・ベンダー|物流センター|商品本部|オペレーション本部|店舗
ビ                             <サービスインフラ>
ス      フランチャイズシステム、 水平・垂直・異業種連携、 経営スタイル、   チームマーチャンダイジング、
イ      　　　　　　　　共同配送、 社会的サービス連携、  パートナー共創、   IT経営
ン
フ                    <産業と社会のサービスプラットフォーム>
ラ
```

図3　直接的サービスを支えるインフラ構造（コンビニの事例）

　これらに加え、直接的サービスを支えるインフラ部分の形成が、顧客接点のサービスを向上させ、新たなサービス創出を可能としている点に注目することが大切です。ATMの例でも示しましたが、個々には小さな店舗であるコンビニエンスストアが商品面、サービス面で大きな付加価値を提供しているのはサプライチェーンとディマンドチェーンの両面でのインフラ力と、この基本にある生活者起点による価値共創、パートナー企業との共創関係の構築によります。

3．サービスの広がりとIT活用の進化

　世の中の変化、そしてサービス・イノベーションの方向性について説明して来ましたが、イノベーションの推進エンジンとしてITの果たす役割を改めて整理してみましょう。

サービスレベルを上げ、生産性や競争力を向上させるには、サービスの領域の広がりと構造的な深さが求められます。企業間の連携や顧客との共創には業務プロセスの革新や情報共有のスピードと密度の向上が求められます。こうした企業と社会のニーズに対応して、今 IT 自身が大きなイノベーションを果たしています。

IT 自身の進化とは IT ＝イノベーションをも言える革新です。図 4 は IT の革新力のまとめです。

---

1. 枠組みを超えた革新効果
組織や企業間の枠組みを超えたオープン性、接続性の革新。
グローバルな技術標準の広がり。
不特定多数者間でのオープン接続環境が誕生。

---

2. サービスレベルの質的向上
リアルタイム、大容量、マルチメディア、ユビキタス環境などでの圧倒的サービスレベルの向上。
操作性とスピード、自動化の向上。

---

3. コンテンツ、サービスのデジタル化とネットワーク化
音楽、映像、教育、新聞、書籍、雑誌、マンガ、アニメ等のデジタル化とネットワーク化
通信コストの低下と定額サービス

---

4. コストパフォーマンスの飛躍的向上
「チープ革命」システム活用の進化
「オーダーメイド」→「レディメイド」→「レンタル ASP, SaaS」→「クラウド」→「クラウド・サービス」
システムコストのみならず、情報コストやコミュニケーションコストの低下。

---

5. 生活者起点のWebワールドの形成
消費者駆動型メディア（BLOG, SNS, Twitter, Facebook）の出現。 経済原則、勤労社会からの脱却と非営利、コミュニティサービスの成長支援。モノ・人・サービスを繋ぐ新プラットフォーム。
従来型サプライ主導の情報流通から参加交流型メディアの確立。

図4　ＩＴの革新力——ＩＴによる５つのイノベーションパワー

インターネットユーザーが世界で21億人、Facebook ユーザーが8億人いることからも、オープンな接続環境の広がりと消費者駆動型のWEB ワールドの形成が進んでいる事が見て取れます。これらの革新は又、「チープ革命」とも呼ばれ、グローバルな情報共有と産業連携を推進し、新興国の急速な成長を支えつつ生活者メディアとしての幅広い普及が進んでいます。

9 サービス・イノベーションの拡がりとIT活用の進化

　この流れは更に産業や行政と社会や個人との新たな価値共創が求められる中で、従来のサプライヤーからのサービス提供の域を出て、生活者起点のライフスタイルや、情報空間、コミュニティの広がり等を生む新たな社会空間の出現でもあります。こうして、これ迄の世界と重層的なつながりを持ち一体化した形で価値共創社会の流れが進行していくものと思われます。

　IT活用は既に産業や行政の枠を超えており、不思議な事に、コンシューマネットワークの方が企業・行政ネットワークよりも機能や性能が高くなっています。その意味でもITは新たな社会の革新力そのものと言えます。

　こうしたITの進化とサービスの広がりを考えると、両者は密接な関りを持ち同じ方向へと進んでいます。ITが産業や行政、社会や個人の壁を乗り越えて来たのと同様に、サービスも既に経済の領域を超え社会や個々人の間に幅広く浸透する概念へと広がっています。図5に示す「社会の構造変化とサービス概念の刷新」は、サービス概念を

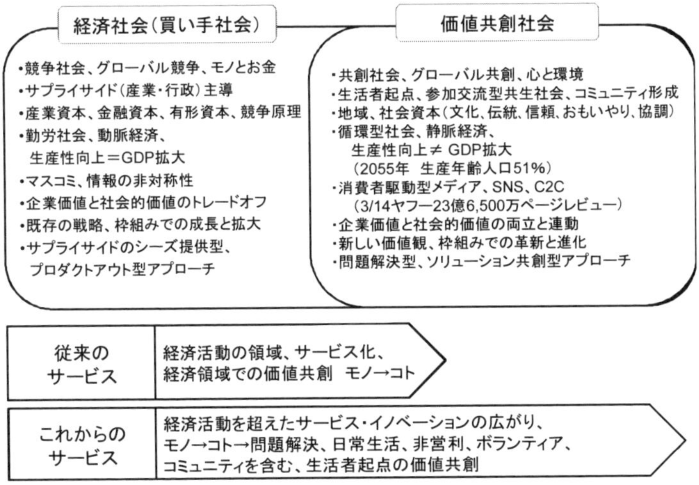

経済社会（買い手社会）	価値共創社会
・競争社会、グローバル競争、モノとお金 ・サプライサイド（産業・行政）主導 ・産業資本、金融資本、有形資本、競争原理 ・勤労社会、動脈経済、 　生産性向上＝GDP拡大 ・マスコミ、情報の非対称性 ・企業価値と社会的価値のトレードオフ ・既存の戦略、枠組みでの成長と拡大 ・サプライサイドのシーズ提供型、 　プロダクトアウト型アプローチ	・共創社会、グローバル共創、心と環境 ・生活者起点、参加交流型共生社会、コミュニティ形成 ・地域、社会資本（文化、伝統、信頼、おもいやり、協調） ・循環型社会、静脈経済、 　生産性向上≠GDP拡大 　（2055年　生産年齢人口51%） ・消費者駆動型メディア、SNS、C2C 　（3/14ヤフー23億6,500万ページレビュー） ・企業価値と社会的価値の両立と連動 ・新しい価値観、枠組みでの革新と進化 ・問題解決型、ソリューション共創型アプローチ

従来のサービス	経済活動の領域、サービス化、経済領域での価値共創　モノ→コト
これからのサービス	経済活動を超えたサービス・イノベーションの広がり、モノ→コト→問題解決、日常生活、非営利、ボランティア、コミュニティを含む、生活者起点の価値共創

図5　社会の構造変化とサービス概念の刷新

経済の範囲に留めて語って来た、企業や学問の在り方への反省であり、生活者起点の新しい視座から、幅広い視野でサービスを捕え、共創という新しい視点で物事を進めていくことの重要性を表現しています。

筆者は、図のこれからのサービスで示す通り、産業、行政、社会、個人の新たな関係の中にサービスは幅広く組込まれ、生活者起点の価値共創社会が訪れることを期待し、IT が果たす役割と広がりも軌を一にして進展するものと考えています。

【参考文献】
〔1〕出典：経済産業省商務情報政策局サービス政策課「サービス産業におけるイノベーションと生産性向上に向けて　報告書」平成19年4月
　http://www.meti.go.jp/committee/materials/downloadfiles/g70411b03j.pdf
〔2〕出典：総務省統計局「家計年報調査」（昭和38年〜平成23年）（全国）
　http://www.stat.go.jp/data/kakei/longtime/index.htm#longtime
〔4〕碓井誠（2009）『図解セブン-イレブン流サービス・イノベーションの条件』第4章、日経BP社
〔5〕柿原正郎（2011）「最新 Web トレンド」『経営情報学会誌』vol.20,No.2.
〔6〕上原征彦（1999）「需給マッチングを目指すマーケティング戦略」『マーケティング戦略論』有斐閣
〔7〕碓井誠（2009）『図解セブン-イレブン流サービス・イノベーションの条件』第3章、日経BP社

10 インフラの海外展開とPPP

谷口 博昭

　時代の変化に応じて、インフラはイノベーションを遂げつつ各時代の生活、産業を支えてきています。今世紀のライフスタイル、産業構造にマッチしたインフラ整備・保全には、財政的な制約もあり、PPP（Public Private Partnership;官民連携）の活用とインフラの海外展開が重要であり、そのことが我が国の成長戦略にとっても重要で、社会経済の発展にも資することであります。

１．インフラの歴史

（１）わが国土とは

　我が国は6,852の島からなる島国です。国土面積は38万平方キロメートル、地球全体の陸地面積の0.25％ですが、４つの大きなプレート上に位置するため、マグニチュード６以上の地震の20％が日本近海で生起しています。脊梁山脈が国土中央を縦断し河川は「滝」のように急流で、台風、梅雨前線等による豪雨被害、豪雪被害は毎年のように国土各地で生起しています。よって、脆弱な国土といわれています。しかし、視点を変えれば、ドイツより広い国土であり、北は稚内で北緯46度近くの亜寒帯から、南は波照間島で北緯24度近くの亜寒帯まで、南北3,000キロの広がりの中で１億2,000万人が暮らしています。EEZ（排他的経済水域）を含めた国土領域は、440万平方キロで、世界６位の面積です。水産物の他、メタンハイドレート、重金属の資源が多

く埋蔵していると推定されています。

こうした特色のある国土をどう生かしどう生きていくのかが問われています。内向きの島国根性を脱し、未来志向でグローバル社会に適切に対応していくことが肝要であり、21世紀に合致したインフラ整備・保全を図っていくことが必要であります。

(2) インフラの歴史

インフラとは、infra-structure の略で、下部構造という意味であります。暮らしや経済活動を支える最も基本的な社会資本であります。多くは、その公共性から税金で整備されていますが、電気、通信、上下水道等、受益者の料金を主体に整備されているものもあります。

河を治める者は国を治めるという諺が中国にありますが、大河流域で文明が発達してきたからであります。治水事業に続き、水田に不可欠な溜め池、国を治め交流を促進する都と地方を結ぶ街道、まちの核であるお城、物資輸送・交易を促進する港、近代に入って鉄道、上下水道、住宅、空港、高速道路、新幹線が整備されてきました。

こうした歴史を、司馬遼太郎氏は、「土と石と木の詩」という小文で、「人類は、そのながい歴史を通じ、言葉を越えた詩を語りつづけてきた。ここでいう詩とは、石と木でつくられた土木のことである。それが荘厳であることは、主として、食うために、生き継いでゆくためにおこなわれたということにある」と形容しています。塩野七生氏は、公共事業という言葉はローマ帝国にはなく、それに相当する言葉は、「人間が人間らしい生活を送るために必要な大事業」という意のラテン語「モーレス・ネチェサーリエ」と書いています。

公共事業はフロー、インフラはストックであります。公共事業、土木事業というと、悪いイメージが付きまとっている感がありますが、古今東西生きるため、時代の要請に応じて公共事業、土木事業を実施してきていることを再認識し、ストックの質向上を図っていく必要があります。

10 インフラの海外展開と PPP

2．整備計画と水準

(1) 整備計画

インフラの整備は、時代の要請に応じて適切に対応していく必要がありますが、インフラの整備には、多くの時間と費用を要します。従って、計画的、効率的に整備を進めるために、長期的な計画が策定されてきています。国土計画は、昭和25年に成立した「全国総合開発法」に基づき、表1のように、5次に亘って国土総合開発計画が策定されてきましたが、量的拡大「開発」から「成熟社会型の計画」へ、国主導から二層の計画体系（分権型の計画づくり）へという流れで、平成17年に成立した「国土形成計画法」に基づき、国土形成計画が策定されています。国土計画と調整を図りつつ、事業分野別計画が策定されてきましたが、縦割りを改善し、一本化した社会資本整備重点計画が、平成14年度から、2次に亘り策定されてきています。

国土計画は、昭和62年の第4次全国総合開発計画を最後に投資額が

表1　全国総合開発計画の比較（国交省資料）

	全国総合開発計画 (全総)	新全国総合開発計画 (新全総)	第三次全国総合開発計画 (三全総)	第四次全国総合開発計画 (四全総)	21世紀の国土のグランドデザイン
閣議決定	昭和37年10月5日	昭和44年5月30日	昭和52年11月4日	昭和62年6月30日	平成10年3月31日
策定時の内閣	池田内閣	佐藤内閣	福田内閣	中曽根内閣	橋本内閣
背景	1 高度成長経済への移行 2 過大都市問題、所得格差の拡大 3 所得倍増計画（太平洋ベルト地帯構想）	1 高度成長経済 2 人口、産業の大都市集中 3 情報化、国際化、技術革新の進展	1 安定成長経済 2 人口、産業の地方分散の兆し 3 国土資源、エネルギー等の有限性の顕在化	1 人口、諸機能の東京一極集中 2 産業構造の急速な変化等により、地方圏での雇用問題の深刻化 3 本格的国際化の進展	1 地球時代（地球環境問題、大競争、アジア諸国との交流） 2 人口減少・高齢化時代 3 高度情報化時代
目標年次	昭和45年	昭和60年	昭和52年からおおむね10年間	おおむね平成12年(2000年)	平成22年から27年(2010-2015年)
基本目標	地域間の均衡ある発展	豊かな環境の創造	人間居住の総合的環境の整備	多極分散型国土の構築	多軸型国土構造形成の基礎づくり
開発方式等	拠点開発構想	大規模プロジェクト構想	定住構想	交流ネットワーク構想	参加と連携

盛り込まれず、社会資本整備重点計画も、アウトプットからアウトカムへということで投資額が盛り込まれていません。財政制約が大きくなるにつれて止むを得ない面がありますが、財源の裏付けのない計画では絵に描いた餅、計画の担保が困難であります。単年度予算主義の中では、計画的な整備を図ることが難しく、21世紀に合致した国際競争、安全安心のインフラ整備・保全を促進するための具体的な担保が必要であります。

（2）整備水準

道路は、燃料・車両関係諸税を特定財源として計画的に整備が進められてきましたが、厳しい財政状況下で、無駄遣い、コスト高等の指摘を受け、平成21年度予算から一般財源となっています。図1は、日仏独の60キロメートル以上で走行できる道路のネットワーク比較を同縮尺で示したものであります。日本は、日本海と太平洋を結ぶ脊梁山

日本ではサービス水準の高い道路がネットワーク化されていない

【日仏独道路ネットワーク比較（制限速度60km/h以上）】

	道路延長	対象
日本	約21,200km	自動車専用道路、一般国道
フランス	約36,800km	高速道路、国道
ドイツ	約53,100km	アウトバーン、連邦道路

出典：日本　：平成16年版全国デジタル道路地図（道路網）
　　　　　　平成11年道路交通センサス
（道路延長）＋平成11～16年度間に開通した高規格及び都市高速
　　　ドイツ　：ヨーロッパデジタル道路地図　2001（道路網）
　　　　　　ドイツ連邦交通省資料（2003年）（道路延長）
　　　フランス：ヨーロッパデジタル道路地図　2001（道路網）
　　　　　　Code de la Route（制限速度）
　　　　　　フランス設備省HP（2003年時点）（道路延長）

図1　日仏独ネットワーク（国交省資料）

脈付近で、また沿岸部でも半島等人口が少ない地域で、ミッシングリンクとなっておりネットワーク化されていません。日本より人口が少ないドイツ、フランスでは、なだらかな丘陵地帯であっても脊梁山脈がなく、ネットワークが密に形成されてきています。特に、ドイツでは、ヒットラーが国防の観点からアウトバーンの整備を図ったことで高密度のネットワーク整備がなされています。

また港湾も、コンテナ時代に対応できる大水深岸壁の整備が遅れています。河川は急流で、オランダ1万年確率、イギリス1,000年確率、アメリカ500年確率の洪水に対しほぼ整備済みに対し、我が国は200年確率でもってしても半分にも満たない整備率であります。下水道、公園、住宅等他の施設も立ち遅れた整備状況にあるといえます。

(3) 本格的な維持更新時期到来

こうした整備状況に加え、高度成長期に大量に整備された道路、河川、下水、港湾等について、社会資本全体の高齢化が急速に進行することが想定されます。

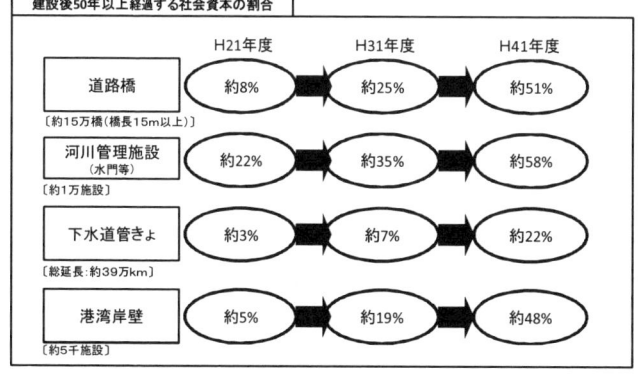

建設後50年以上経過する社会資本の割合	H21年度	H31年度	H41年度
道路橋〔約15万橋(橋長15m以上)〕	約8%	約25%	約51%
河川管理施設（水門等）〔約1万施設〕	約22%	約35%	約58%
下水道管きょ〔総延長:約39万km〕	約3%	約7%	約22%
港湾岸壁〔約5千施設〕	約5%	約19%	約48%

図2　高齢化する社会資本（国交省資料）

図2に示す通り、橋長15メートル以上の橋梁が、国、地方自治体等で約15万橋存在します。そのうち建設後50年以上経過する橋梁が、現在約10％で、平成41年には過半数を占めることが予想されます。1980年代、アメリカでは、維持管理が不十分で落橋する事故が多発、「荒廃するアメリカ」と言われました。その後集中的な維持管理・更新の投資がなされるようになりました。事故を未然に防ぎ、LCC（Life Cycle Cost）の観点から、「事後的対策」から「事前・予防対策」への転換が必要であります。

平成21年度の国土交通省の試算では、投資額が削減されず2010年度水準を維持し、従来通りの維持管理・更新をした場合、維持管理費が増大するため、2037年には、新設が一切出来なくなる推計結果となっています。その推計後、復旧・復興予算費の増加はありますが、公共事業関係費は更に削減されているのでその時期は早まっています。

3．これからの国土、社会

（1）大きな変化、復興から日本再生へ

ダーウィンは、「種の起源」で、変化に適切に対応してきたもののみが生きながらえてきたことを示唆しています。21世紀に入って、10年が経過しましたが、失われた20年といわれるように一向に明るい兆しが見えてきません。

21世紀は、グローバリゼーションといわれるような経済のみならず、地球環境、エネルギー、資源、水、食料、IT・情報・金融等々の分野、即ち生活全般に亘って、グローバル化は否応なしに大きな影響を与えるようになってきています。また、少子高齢化・人口減少は、世界の先端をいき、右肩下がりの経済社会の中で、社会保障と税との一体改革のように、これまでの延長上でないパラダイムシフトを求められています。

こうした大きな変化の中で、昨年3月11日に、M9.0 の東日本大地

震が発生、大津波、レベル7の原発事故という複合的且つ未曽有の被害をもたらしました。復旧・復興に全力を挙げるとともに、約2万名に及ぶ死者・行方不明者に報いるためにも、単なる復旧・復興でなく、大きな変化を先取りした日本再生に資する復興とすることが肝要であります。

(2) 経済政策、成長戦略

　欧州の金融危機等を反映して、経済イコール財政再建の感がありますが、経世済民の原点に返って、金融政策を生かしつつ、成長、安定、調整のバランスのとれた経済政策を取っていくことが肝要であります。人口が減少する中にあって、脱成長を主張する方もおられますが、長期的には、一人あたりの成長を確保し、脱デフレを達成することが肝要であります。それなくして、経済発展は望めず、雇用もままならず、従って消費も、投資も増加せず、消費税による増税も期待する増収に

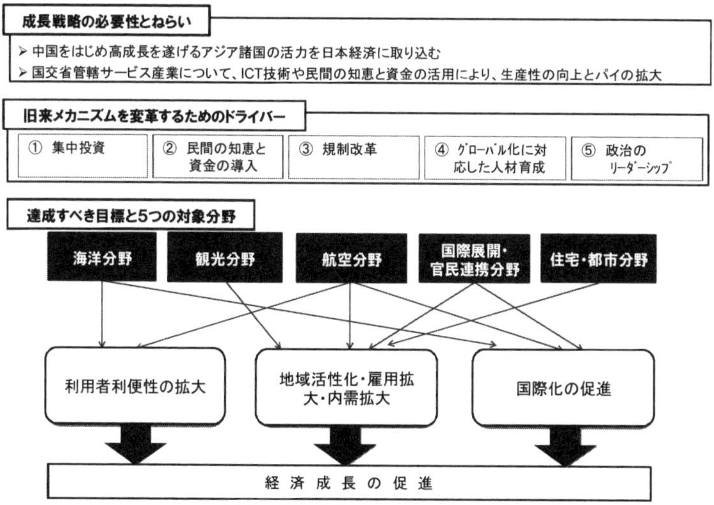

成長戦略の必要性とねらい
- 中国をはじめ高成長を遂げるアジア諸国の活力を日本経済に取り込む
- 国交省管轄サービス産業について、ICT技術や民間の知恵と資金の活用により、生産性の向上とパイの拡大

旧来メカニズムを変革するためのドライバー

| ① 集中投資 | ② 民間の知恵と資金の導入 | ③ 規制改革 | ④ グローバル化に対応した人材育成 | ⑤ 政治のリーダーシップ |

達成すべき目標と5つの対象分野

海洋分野　観光分野　航空分野　国際展開・官民連携分野　住宅・都市分野

→ 利用者利便性の拡大 / 地域活性化・雇用拡大・内需拡大 / 国際化の促進

→ 経済成長の促進

図3　国土交通省成長戦略について（国交省資料）

は繋がらず、債務残高の減少も望めないでしょう。

　平成22年5月に、アジア諸国の活力を日本経済に取り込むとともに、国土交通省管轄サービス産業について、ICT 技術や民間の知恵と資金の活用により、生産性の向上とパイの拡大を図るため、国土交通省成長戦略会議から、海洋、観光、航空、国際展開・官民連携、住宅・都市の5分野に亘って国土交通省成長戦略が提言されています（図3）。同年6月には、政府全体の新成長戦略が閣議決定されています。特に海外展開の果実を内需に結びつけるためには、我が国における新たな需要を創出していくイノベーションが重要であります。

（3）自立と共生、地産地消／地産多消、交流と連携

　少子高齢化・人口減少する中で、狭いようで広い国土を生かすためには、自立と共生の理念に基づき、安全安心と危機管理並びに省エネ・省資源に資する地産地消／地産多消の観点から、自立分散型国土社会が望ましいと考えられます。

　21世紀は人口の過半が都市に住むと予想され、都市の世紀ともいわれます。国際競争は、国の牽引力となる大都市間の魅力競争であります。大都市を産業、観光、生活等の各方面で21世紀に相応しい形に再生していく必要があります。一方、国内では、都市の魅力競争、都市経営の競争であります。自立と共生の理念で個性を発揮し、魅力あるまち・都市を目指すことが基本でありますが、より大きな魅力を創造するには、交流連携が必要となります。各都市が個性を発揮しつつ連携交流によって機能分担された大きな魅力となり、その効果が広域的に発揮されること、ブロック内の地産地消が可能となるよう、ブロック内の各地域の地産がブロック中枢都市の多消に支えられることが期待されます。

10 インフラの海外展開とPPP

4．これからのインフラ

（1）ネットワークの強化、東日本大震災の教訓

　東日本震災が発生して、一日で東北自動車道、国道4号は応急復旧が完了し、緊急車両が走行でき、救援物資、資材を運ぶことが出来ました。これを可能にしたのは、阪神淡路大震災時に、落橋、橋脚倒壊の被害が多かったので、その後耐震補強を進めてきた結果、大きな倒壊、落橋がなかったからであります。その後、地元の建設業者の協力を得て、約50チームによる地域体制を組むことが出来、警察の協力を得て太平洋沿岸への横断方向の道路啓開が4日間で出来、1週間で被災が大きかった太平洋沿岸部で緊急車両が通行可能な状態にすることが出来ました。このように、図4にある「くしの歯」作戦という初動活動がスムーズに展開できたのは、日頃からの広域的な管理体制とそれを支援できる技能者・建設機械を有する地域建設業者が存在したからであります。

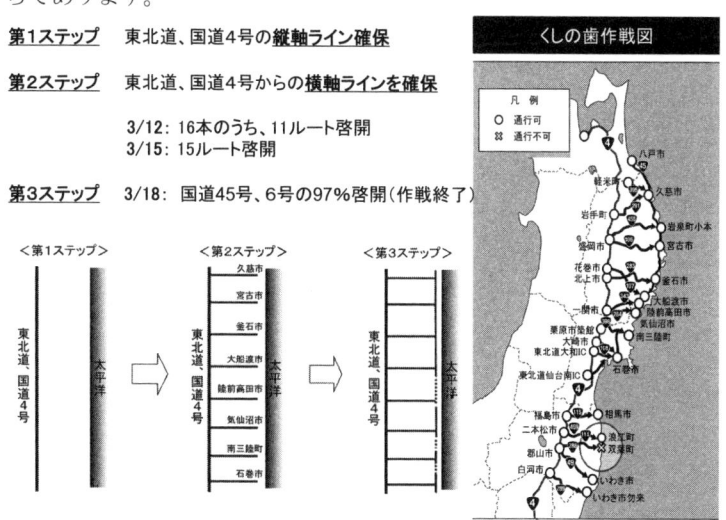

第1ステップ　東北道、国道4号の**縦軸ライン確保**

第2ステップ　東北道、国道4号からの**横軸ラインを確保**

　　　　　　3/12：16本のうち、11ルート啓開
　　　　　　3/15：15ルート啓開

第3ステップ　3/18：国道45号、6号の97％啓開（作戦終了）

図4　「くしの歯」作戦（国交省資料）

また、太平洋沿岸の港が使用出来ない間、日本海側の秋田、酒田、新潟港等から横断道路を介して緊急物資、資材を輸送できたことは、ネットワークの必要性、即ち太平洋沿岸の三陸自動車道のみならず、日本海沿岸自動車道、太平洋沿岸と日本海沿岸を結ぶ横断道路のミッシングリンクを解消し、ネットワークを早期完成・強化する必要性を物語っています。ネットワーク化によって「命の道」といわれる大きな役割を果たすことが可能となります。

（2）効率的な都市経営、スマートシティー、歩いて暮らせる街中

　自立分散型国土社会に対応し、効率的な都市経営が可能となるコンパクトなまち・都市を目指すことが基本であります。しかし、それを可能にし強化するためには、都市間連携・交流を促し高め、機能分担された一体的な都市群となるようなネットワーク整備・強化が必要であります。また、省エネルギー、省資源の観点から、IT 技術を活用したスマートシティーが提案されていますし、これまでのストックの保全活用、地域の歴史文化、自然環境を生かした魅力づくりが重視されてきています。そして、まち・都市周辺のバイパス・環状道路の整備とともに、街中は歩いて暮らせるよう、高齢者にやさしい公共交通機関や介護・医療機関と住宅との医住近接を実施していくことが必要であります。自助、共助が可能となるコミュニティー再生が重要であり、そのためには、高齢者を支える若者が働ける産業とその家族のための医療教育機関等の生活環境整備が不可欠であります。

（3）これからのインフラ

　脆弱な国土を再認識し、安全安心の観点から、近い将来に生起する確率の高い首都直下地震、東海、東南海、南海地震に備え、しっかりとした対応を急ぎ、RESILIENCE（強靱性）を確保し、強くしなやかな国土を形成していくことが肝要であります。

　また、50年から100数十年の大津波に対しては、ハードな施設対応、

10 インフラの海外展開と PPP

防災が可能でありますが、今回の様な500年から1000年に一度の大津波には、ハードのみならず避難等のソフトを組み合わせた減災という現実的な対応とすることとされています。

安全安心、新しい世紀の暮らし、産業を支えるインフラの整備も途半ばでありますが、国土交通省の試算が示しているように、約20年後には高度成長期に整備されたインフラの更新時期を迎えます。平成24年度予算の歳入のうち約半分が公債発行に頼っている財政状況では、公共事業関係費に頼っていくことは不可能であり、民間の資金、経営能力、技術力を活用する PFI (Private Finance Initiative) が求められます。更に PFI から海外需要の多い PPP (Public Private Partnership；官民連携) の取り組みを強化し、国内での PPP 実績を踏まえ、海外展開へつながっていくことが望まれます。この際、海外展開の果実をどう国内に循環還元するかが肝要であることは言うまでもありません。

種々の制約の中で、どの程度の整備・維持更新が可能なのかを、財源の裏付けのある将来像を示しつつ、国民の理解を得ていくことが肝要であります。

将来ビジョンがないと、右肩上がりの時のように何とかなるだろうということではいつまでたっても進まない、変わらない、時間がむなしく過ぎ行くだけであります。右肩下がりでは、あれもこれもでなく、選択と集中が重要であり、将来ビジョンを描く過程において不必要な事業は自然と淘汰されていくことになります。事業評価とコスト改善を的確に実施しつつ、国民の知恵と力が湧き出るような大きな見通しの立つ絵、BIG PICTURE を描き、共有し、共に歩んでいくことで、見えなかったものが見えてくれば自然と元気が出る、知恵も出るということであります。

5．海外展開

　成長著しいアジアにおけるインフラ需要は、図5のように、2010～2020年で約8兆ドルとアジア銀行が推計しています。そのうち約半分がエネルギー関係であり、約3割が道路分野であります。

　アクアラインは延長9.5キロの世界一の海底トンネルで、シールドをはじめ日本のトンネル掘削技術は優れています。明石海峡大橋は、最大支間延長1,991メートルの世界一の吊り橋であり、速い潮流の中での基礎施工技術とともに橋梁技術は優れています。そして、ナビゲーション、ETC（電子料金収受システム）、ITS（高度道路交通システム）等、車と道路の間を高速かつ大容量の電波で通信する技術があります。

　また、世界水ビジネスは、2020年には、素材だけでは1兆円規模でありますが、装置・設備・建設、管理・運営を含めると100兆円との推計が、産業競争力懇談会より報告されています。我が国は膜技術に

> 経済成長の根幹となる道路整備については新規整備、既存道路の改良ともに大きな需要が予想されており、アジアにおける約8兆ドルのインフラ需要のうち、約3割が道路分野と推定されている。

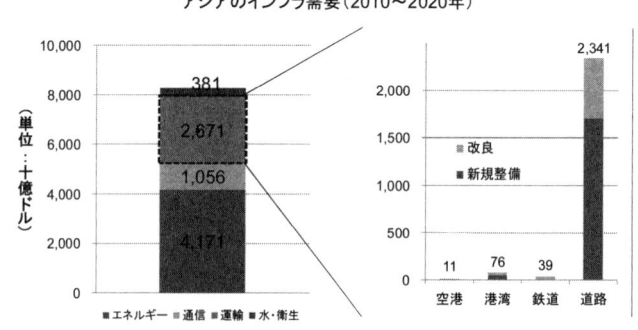

アジアのインフラ需要（2010～2020年）

（単位：十億ドル）
- エネルギー: 4,171
- 通信: 1,056
- 運輸: 2,671
- 水・衛生: 381

内訳：
- 空港: 11
- 港湾: 76
- 鉄道: 39
- 道路: 2,341（改良・新規整備）

出典）アジア開発銀行「Infrastructure for a Seamless Asia（2009）」

図5　アジアのインフラ需要（国交省資料）

代表されるように個々の要素技術は優れていますが、運営、維持管理を含むトータルマネジメントのノウハウが少ないのです。今後資金調達の経験を積むとともに運営、維持管理等のトータルマネジメントの民間移転を進めていくことによってビジネスチャンスを高めていくことが必要であります。

更に、我が国の新幹線は、東京オリンピック時の開業以来48年間、地震・豪雨・豪雪等の厳しさを越え安全・信頼の実績があり、省エネ、低騒音、大量輸送、低い維持管理費等で優れています。

こうした技術を生かし、インフラ需要を獲得し、国際貢献するとともに国内に循環還元していくことで、経済活性化に貢献できます。そのためには、国土交通省成長戦略にあるように、海外へ進出する日本企業への支援ツールと政府サイドの支援体制整備、即ち、リーダーシップ、組織・体制の整備、スタンダードの整備、金融メカニズムの整備等が必要であります。

6．PPP(Public Private Partnership;官民連携)／PFI(Private Finance Initiative)

平成11年にPFI（公共施設の建設、管理等に、民間の資金、経営能力、技術力を活用）法が成立・施行されて以来、平成22年末までに、延べ375件、3兆369億円に上るPFI事業が実施されてきていますが、諸外国と比較していわゆるハコモノが多い、施工段階の PFI では民間活力を生かし切れない等の指摘がなされてきています。

国・地方とも厳しい財政状況の中、社会資本の整備・保全・更新をしていくためには、PFIの積極的な活用が必要であり、もって海外市場への進出を拡大するとの観点から、新成長戦略、国土交通省成長戦略会議提言等を受け、平成23年6月にPFI法改正が公布されました。

改正は、PFIの対象施設を拡大、民間事業者による提案制度の導入、公共施設等運営権、いわゆるコンセッションの導入等の改善がなされ

ています。これを契機に更なる事業展開がなされることが期待されます。しかし、土木学会 PFI 研究小委員会の2008年3月の報告書にあるように、事業、地域によっていくつかの課題があり、具体的な事業に即して官民連携で解決していく必要があります。

　国土交通省では、平成22年秋208件の提案を受けましたが、その精査と東日本大震災を踏まえ平成23年5月に更なる提案を再募集し、案件形成の支援、案件の具体化を進めています。筆者も、当大学 TIS（佃イノベーションスクエア）において「社会インフラのイノベーションと都市再生」のテーマで研究しています。

　一般的にPPPは、PFIを含む広い概念で官民連携と訳されますが、官の業務の切り分け的な発想でなく、計画・設計・建設・運営・維持管理をバリューチェーンとして関連付け、民間の資金と知恵を活用できるよう更なる前進をしていく必要があります。官民連携が強化され、必要な事業を実施していくための課題解決型アプローチがとられ、

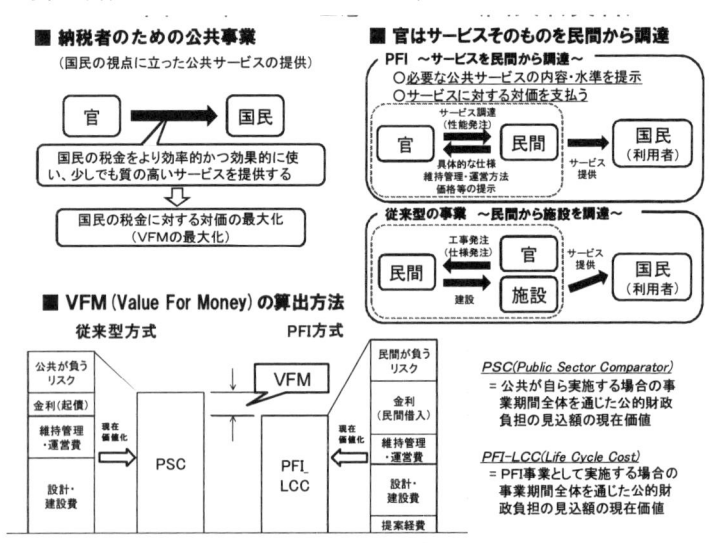

図6　ＰＦＩの理念について（国土交通省資料）

10 インフラの海外展開と PPP

WIN=WIN 関係が成り立ち、海外展開を含め公益に資するような PPP への更なる取り組み強化が望まれます。

11 世界で勝つ技術立国日本の底力

町田　尚

1．グローバリゼーションが飲み込んだもの

（1）アメリカ

　2002年からの日本の製造業はアメリカ経済の好況に引っ張られて好調でした。アメリカ人は給料が上がれば、というか上がる見込みがあれば、少しでも大きな家に住んで、大型テレビを買い、高級車に買い換えます。豊かな暮らしを実現していくのがアメリカンドリームであって、庶民の目標です。ですから経済が好調であればアメリカの住宅着工率が伸びます。そうすれば建築資材から始まって、家電製品、自動車などの消費財が売れて更に経済が活性化していき、お金を使うほど景気がよくなるというまさに天使のサイクルを描くことになります。不動産屋は「景気は良いのです。5％だけ自己負担して残りを銀行から借りれば住んでいる間に住宅価格が上がって転売のチャンスが来ますよ」と言っていたかもしれません。カーディーラーは「これがトヨタの新型 SUV です。いまが買い替え時でしょう。ローンで良いのですよ」と勧めたかもしれません。

　ところが実態経済以上に消費を先取りしてしまうと、どこも借金が大きく膨らんでしまい、とにかくとんでもない額の個人の住宅ローンやカードローンが積み上がってしまいました。その負債が細かく切り刻まれて債権として世界中に販売されていきました。ですから、いったんアメリカ経済が冷え込みだすと、あっという間に負の連鎖が始ま

り、次々と企業も個人も倒産に追い込まれて、まさに悪魔のサイクルが回ってしまいました。その影響は世界中に広まって大不況の引き金を引いてしまったのです。それがリーマンショックです。それ以来、消費大国アメリカの経済が力強い復活をしていません。金融緩和政策で何とか個人消費を上向かせようとしたのですが、失業率は8～9％と高い水準です。所得格差が問題になってウォール街はデモが起きています。世界の基軸通貨としてのドルの威光は見る影も無く、2011年10月31日には1ドル75円32銭と対円最安値となりました。

（2）ヨーロッパ

　2002年以後アメリカ経済と共にヨーロッパ経済も好調でした。とくに風力発電などのクリーンエネルギー投資が活発でした。ドイツの風力発電メーカーはデンマークを中心とした北欧の海上やスペイン、ポルトガルなど南欧の丘陵地帯に風力発電装置を次々に設置しました。国の電力計画にあわせて風力発電装置を生産するためには、部品の確保が最重要です。この風力発電には日本製のベアリングが多く用いられています。ですから日本のベアリングメーカーはドイツの風力発電機メーカーやギアボックス（変速機）メーカーから5年先の注文を約束させられて設備投資をしました。こうなると工作機械メーカー、建設機械メーカー、電機メーカーと一気に好景気になります。ですからベアリングメーカーのような部品メーカーは超繁忙でした。

　ヨーロッパ経済の強さは為替に顕著に現れました。ユーロは1ユーロ88.87円（2000年）の最安値から始まって一気に最高値169円（2008年）まで上昇しましたから、ユーロはドルに並ぶ第二の基軸通貨になると言われました。日本企業はヨーロッパ輸出では大変な利益を上げていました。

　そう思っていたら起きたのがギリシャに端を発したユーロ危機です。これもギリシャ、イタリア、スペイン、ポルトガルなどの南欧諸国が実力経済以上の消費経済を組み立てた結果です。国家が借金で倒産の

危機に瀕しているのです。その結果ユーロの信頼はすっかり落ちてしまい、1ユーロ97円まで下げてしまいました。ユーロ再建のために欧州のインフラ投資は止まってしまいました。南欧の風力発電事業も進展しません。個人消費も弱まってしまいました。日本企業のヨーロッパ輸出はしぼんでしまいました。ユーロ安のおかげでたとえ製品を売っても利益は大幅に減少してしまいます。これでは全くヨーロッパビジネスの見通しが立たなくなってしまいました。

(3) 中 国

2000年頃から中国では上海、広州などの沿岸部を中心に工業化が急速に進みだしました。日本企業も中国の安価な労働力を求めて進出していきました。中国中央政府や地方政府は免税や減税策を打ち出し外国企業を誘致しました。中国は世界の工場、LCC（Low Cost Country）などと呼ばれました。しかしすぐに中国の魅力は LCC ではなく、13億人の人口を基盤とした"巨大市場"であると日本企業は気付きました。ですから2005年頃には日本の製造業は次々と R&D センターを中国に設立して中国市場の取り込みに入りました。

中国政府の指導もあって日本の企業進出にはハイテクが義務付けられるようになりました。技術内容の開示も求められるようになり、その結果中国の技術力は急速に向上しました。中国の経済成長率は10％前後を維持し続けていましたから、中国の産業基盤は大変強いものになっていきました。ですからリーマンショックのときに中国政府は経済の急減速を懸念して直ちに四兆元のインフラ投資を打ち出して内需の確保を行いました。その結果、新幹線、空港、港湾、高速道路、地下鉄などの内需が活性化されてますます中国景気は好調になりました。日本企業も中国市場が活発であったのでリーマンショックからの立ち直りが早かったと言えます。

こうなると農村部の中国人は都市部に出て高給な仕事を求めるようになったり、都市部で不動産投資を始めたりするので都市化が急速に

進んで建築ラッシュとなっています。ともかく投資をすれば儲かるというのが中国人の心理です。2009年にはついに中国はアメリカの自動車販売を抜いて世界のトップに立ちました。こうなると世界経済は中国を中心に回りだします。ですから2012年に中国政府が7.5％の経済成長を発表しただけで、世界の景気が減速するようなイメージを受けます。このことが"新しい経済大国"中国が出現したことを示しているのです。

（4）ASEAN・インド

ASEANやインドでは長い平和な時代が築いた人口増加による中産階級の台頭で家電、自動車ブームとなり経済活動が活発化しています。2011年東南アジア主要6ヵ国（インドネシア、タイ、マレーシア、フィリピン、ベトナム、シンガポール）の自動車販売が258万台に達しました。これは中国の2000年の数字に匹敵します。インドも2011年の自動車販売は300万台を突破しそうだと言われています。マルチ・スズキは2012年2月に累計販売台数1,000万台を突破しました。これは500万台突破からわずか6年で到達しています。インドでも中産階級が急速に増えています。

自動車は中産階級が最も求めるものですから、販売台数を見ていると各地域の中産階級の台頭や経済の調子が良くわかります。自動車が売れるということは、家電も食品も売れて、全ての市場が活性化しているということです。ですからASEAN、インドは確実に中国を追走して、近いうちには大経済圏を作り上げるといえるでしょう。日本企業も欧米企業も中国の次はASEAN、インドだと進出を加速しています。

（5）グローバリゼーションの正体

グローバリゼーションはアメリカ経済もヨーロッパ経済も、中国経済も、ASEA・インドの経済も一気に、わずか数年という猛スピード

で飲み込んでしまいました。もうすぐブラジル経済もロシア経済も飲み込み、続いて中東、アフリカ経済も飲みこんでしまいます。もちろん日本経済はとっくに飲み込まれています。グローバリゼーションが世界経済を飲み込んだ結果として、アメリカの住宅ローンや自動車ローン、ヨーロッパの南の国の年金政策や公務員給与などが日本の製造業や日本人の生活にまで影響を及ぼすようになってしまったのです。

いま世界のお金（マネー）は成長すると思われる市場に集中的に流れ込んできます。世界中のマネーが儲かりそうなところにあっという間に集まるのです。お金は、より安全で投資効率の良い通貨に一気に換えられてしまいます。ですから世界の経済は国家単位では全く成り立たなくなったのです。

2011年の日本の貿易収支は31年ぶりに赤字になりました。その理由は円高です。為替レートが1ドル100円くらいでいてくれれば、せめて95円であればと製造業のトップは願っていますが、1ドル75円では国内での生産が維持できないと考えました。その結果、企業存続のために市場のある中国・アジアへの進出を加速させています。

しかしそうして維持しようにも国内生産工場での雇用維持の問題は解決できません。何とか円高に歯止めをかけたい、そうしなければ日本の物づくりは崩壊してしまう、しかし為替レートは自国の努力だけではどうにもなりません。このように経済活動が「自国の努力だけではどうにもならなくなった」、これがグローバリゼーションの正体です。

こう言いながら本稿を書いている間に、わずか3週間で、対ドルで円が84円台に急速に円安に振れました。今度は輸入する原油価格への影響が出ています。わずか3週間で為替が10％も動いたのでは、企業は予算計画の立てようもありません。グローバリゼーションの渦が巻き起こすスピードは過去に私たちが経験したことのない速さなのです。

（6）グローバリゼーションを起こしたのはインターネット

グローバリゼーションを実現し、加速しているものはインターネッ

トです。IT機器は1939年のゲルマニウムダイオードの発明から、半導体の発明、LSIの開発、光ファイバー通信、大容量化、スーパーコンピューター、パソコン、携帯電話、高速無線LAN、大型液晶ディスプレイ……、70年で高度化、高速化、低価格化を実現して、世界を均質なものにしてしまうグローバリゼーションを実現させてしまったのです。

インターネットを使えば、どんな巨額なお金でも、どんな重要な情報でも、世界中に一瞬で送ることが出来ます。世界は完全につながったのです。そしてその結びつきはますます近く、強く、早くなっていきます。インターネットは20世紀がなしえた最大の発明であり、グローバリゼーションという世界革命を起こしたのです。

では、日本の製造業はどうしたらよいでしょうか。グローバリゼーションによる日本の物づくりの危機をどのようにすれば切り抜けることが出来るでしょうか、それを考えてみようというのが本章の主題なのです。

2．日本の物づくりを支えてきた産業から学ぶこと

(1) 繊維産業

群馬県富岡市の街中から富岡製糸場の煙突がぽつんと一本見えます。富岡製糸場は1872年に明治政府によって日本の近代化のために設置された官営模範器械製糸場です。明治時代になって外国と貿易を始め、当時の最大の輸出品は生糸だったことはよく知られています。日本中から工女が集められて本格的な機械式生糸生産が行われ、品質を追求してきわめて高品質な生糸が生産されました。生糸生産にかかわる多くの糸問屋や民間の製糸工場などで富岡の街は栄えました。

生糸の生産は日本中で行われたのですが、1900年代に入ると人造絹糸レーヨンが普及を始め、帝国人造絹糸（1918、現帝人）、東洋レーヨン（1926、現東レ）、倉敷絹織物（1926、現クラレ）などの合成繊

11 世界で勝つ技術立国日本の底力

維産業が立ち上がりました。アメリカではデュポン社によりナイロンが発明され、1960年代からの急速な合成繊維の普及によって日本の生糸の輸出量は減ってしまい、ついに富岡製糸場は1987年閉鎖されました。もちろん生糸にかかわった多くの中小の民間製糸工場や糸問屋、そしてその周辺の商業地域も1970年頃から一気に寂れてしまいました。いま休日の昼下がりに富岡の街中を歩くと過疎化された巨大なシャッター街を見ることになります。ここに日本の空洞化問題の原点があります。

日本の工業製品輸出を支えた最初の産業は繊維です。生糸の工業的生産に始まり、人造絹糸レーヨンの工業化により多くの化学繊維会社が起業しました。綿織物は第二次世界大戦後の基幹産業新興政策によって1951年には綿織物輸出で世界一になります。日本の工業技術によって、繊維は日本最大の輸出産業になるのですが、1970年代の石油ショック、1985年のプラザ合意を契機とした急速な円高が進み、繊維の競争力は急速に落ちていきます。合成繊維糸は1984年の1208万3000トンをピークに一気に下降して2005年には583万6000トンと半減し、繊維産業は完全に構造不況業種と言われたこともあります。日本の繊維工業は1930年では日本の工業製品出荷額の38％で、貿易輸出額中では62.8％を占めていました。それが2004年には工業製品出荷額中1.7％、貿易輸出額の1.5％となってしまいました。

ではいま、繊維業界はどうなっているのでしょうか。1926年に東洋レーヨンとしてスタートした現在の東レの2011年3月期決算は売上1兆5,397億円、営業利益1,000億円、当期利益579億円と好決算です。従業員は世界中に3万8,740人います。注目すべきは事業内容です。売上比率で見ると繊維は38％、プラスチックケミカル24.8％、情報通信材料17％、炭素繊維複合材料4.3％、環境エンジニアリング11.6％、ライフサイエンス3.4％と構成を変えています。しかも繊維、プラスチック、情報通信材料と日本の工業化の流れに沿った製品ジャンルで構成され、更に環境、ライフサイエンス、炭素繊維、と次世代

の製品群を事業として育成しています。

　帝人はどうでしょうか。同じく2011年3月期ですが、売上8,257億円、営業利益486億円、当期純利益287億円と好調です。事業内容は、高機能繊維12.7％、ポリエステル繊維12.7％、化成品26.6％、医薬医療16.7％、流通・リテイル26.6％です。クラレはどうかと言うと、売上3,632億円、営業利益531億円、当期純利益287億円です。売上に対する当期純利益率7.9％は製造業として大変立派な数字です。クラレの事業内容も樹脂40.6％、化学品20.8％、繊維17％、トレーディング31.7％です。このように繊維業界は事業内容を大きく変えながら成長を続けているのです。

　ではなぜ富岡製糸場は閉鎖になってしまったのでしょうか。それは製造する製品が生糸だけだったからです。第二次世界大戦までは絹織物は高級品で世界中のお金持ちが欲しがっていました。また日本の生糸、絹織物の品質は素晴らしく、世界の高級品として輸出されていったのです。しかし世界の人々が絹製品を欲しがった結果、絹に対抗できる人造絹糸レーヨンやナイロンが発明され、その品質が改善されていくにつれて、絹製品は大変高級なものになってしまったのです。

　ようするに普及品としての化学繊維の進化によってハイエンドに追い込まれたのです。また明治時代の生糸の生産は農村部から集められた工女によって進められました。彼女たちの賃金は非常に低く、過酷な労働条件に耐えて低コストで高品質を維持したのですが、第二次世界大戦後の日本経済の高度成長の中では賃金が上昇してコスト競争力もどんどん無くなって、中国などの新興国の絹製品に市場を奪われてしまいました。そして1973年、変動相場制移行による円高で完全に国際競争力を失い、ついに富岡製糸場は閉鎖されたのです。

　なぜこの話が日本の製造業の空洞化論の原点と考えているかと言うと、繊維業界の100年を超える歴史は、「時代変化による製品寿命」と「変化に対応する企業経営」を端的に物語っているからです。明治の初期に国策として立ち上げられた最新鋭の富岡製糸場とそこで生産さ

れた世界最高品質の生糸も、高度成長という時代変化の中では競争力を失って、ハイエンドに追い込まれて事業継続ができなくなってしまいました。その最大の理由は生糸という単一製品だけを生産し続けたからです。もちろん国営の製糸場としての役目はきちんと果たしました。しかし生糸生産事業としては断念せざるを得ませんでした。いま富岡製糸場は文化遺産として大切に保存され、一般に公開されています。

一方、絹製品の競合製品として登場した化学繊維を事業として始めた会社は、化学繊維の製品技術、生産技術のコア・テクノロジーを進化させながら、化成品、電子部品、医薬品、水処理膜、炭素繊維と製品を時代要求に合わせて変化させ、事業を拡大して、グローバル企業に大きく成長しました。生き残った日本の繊維会社は"変化する"ことを習得したのです。

(2) 製鉄業

ではもう一つ、日本を支えた代表的な産業である製鉄業について考えて見ましょう。鉄は古代から人類の道具を進化させてきました。農具、鍋釜、武器とあらゆるものに鉄が利用され、製鉄技術が日本中に進化していきました。最高の製鉄技術が完成させた作品が日本刀でしょう。いまでも島根県奥出雲町では日立金属が「日刀保たたら」を再現して、年数回ですが古くからの方法で砂鉄と炭を使って日本刀用の純度の高い鉄を製造しています。製鉄は古くから日本の優れた工業技術です。

日本の近代鉄鋼業は1901に官営八幡製鉄所が操業を開始したことが始まりと言われています。日本政府としては繊維のような軽工業でなく重工業の早期育成を意図して官営製鉄所を設立しました。1909年には電気炉製鋼が始まりました。

1900年代初めには繊維と同様に多くの製鉄業が起業しました。粗鋼生産量は1940年には6,680万トンに達しました。第二次世界大戦後、

鉄は日本復興の基幹産業となり一貫工場が建設され、連続鋳造法が取り入れられ、高炉は大型化されて1973年には粗鋼生産量が1億トンを突破しました。それ以来現在に至るまで粗鋼生産量は1億1,000万トン前後の生産量を維持してきました。それは日本の鉄が性能的に世界最高だったからです。高度な製鉄技術のおかげで、造船、建設、鉄道、自動車と日本の重工業は成長を続けることができました。

金属疲労という言葉をご存知だと思います。金属に繰り返し力がかかることによって疲労して破壊してしまうことなのですが、金属疲労を起こして破壊となる主要因は金属中の欠陥(不純物や組織の不均一)です。ですから純度の低い鉄では疲労破壊が起きやすくなり、純度の高い鉄を用いれば大きな力に耐えて長寿命を実現できます。

鉄の製造法には鉄鉱石から溶かしていく高炉法とくず鉄を電気で溶かす電炉法がありますが、いずれにしても大容量の鉄を1,400〜2,000℃の炉内で溶かして、板や棒に成形する過程で徹底的な不純物の除去や組織の均質化をしなくてはならないのです。たとえばベアリングに使われる軸受鋼の鋼中酸素量(アルミナなどの不純物は酸化物となります)は1965年には25ppmあったものが現在は4.7ppmにまで少なくなっています。純度の高い鉄が日本の部品や機械製品の信頼性を支えて小型化、軽量化を実現させて、世界中への機械輸出の基盤を支えたのです。日本製の新幹線や自動車の信頼性が高いのは、使われる鉄を中心とした素材や部品の信頼性が高いからです。

しかし、日本の機械産業を支えた製鉄業もグローバリゼーションの渦に飲み込まれています。2010年の世界の粗鋼生産では、アルセロール・ミタル(ルクセンブルグ)が0.9億トンと日本の総生産量近くを生産し、2位から4位までが中国の製鋼メーカーで併せて1.3億トン、新日鉄は第5位で0.4億トンです。

グローバリゼーションは為替だけでなく、原油や石油、レアメタルなどの資源価格を大きく動かします。製鉄業がグローバル競争で生き残るためには原材料の確保と低価格での調達が絶対に必要です。その

ために量を背景としたビジネスが不可欠になってしまいました。それが新日鐵と住友金属工業の2012年10月合併予定の背景です。この合併で生まれる新会社は世界第二位の生産量になります。もちろん両社の合併によって国内工場の再編や効率化が図られるでしょう。

　この大合併を推し進めたのはグローバリゼーションです。それは日本での鉄の需要が減少すると予測したことと、中国やインドの製鋼メーカーの品質レベルが日本の高品質な鉄に近づきつつあることによります。いま中国、インドの鉄が現地生産の日本メーカーの自動車に使われ始めています。鉄を取り巻くビジネス環境が大きく変化しているのです。鉄という単一製品であるが故の厳しさが迫っています。

　現在の新日鐵の事業内容は2012年3月見通しで売上4兆500億円ですが、そのうち製鉄以外のセグメントであるエンジニアリング、都市開発、化学、新素材、システムソリューションの5事業の売上合計が7,500億円となり、全体の18.5％になっています。全体の80％を占める製鉄の落ち込みを防ぎながら、コア・テクノロジーを使った新規事業を如何に伸ばすかが製鉄メーカーの最大の課題になってきていると思います。

（3）自動車産業

　日本を支えた自動車産業はどうなっていくのでしょうか。トヨタ自動車は2012年の世界生産865万台を発表しました。その中で「国内生産300万台死守」と言っています。2011年の実績ではトヨタの海外生産比率は60.1％ですが、日産自動車は海外生産比率76％、ホンダは75.6％です。

　自動車は需要地である中国、アジアなどの新興国生産に急速にシフトしています。巨大な日本の自動車産業は部品産業を伴って生き残りをかけて海外への大移動です。しかし新興国市場ではGM、VWなどの欧米メーカーや中国メーカー、そして勢いのある韓国メーカーと競争しなければなりません。GM にしても VW にしてもアメリカ経済

の状況、欧州経済の状況を考えれば企業を持続的に成長させるためには自国販売に頼っていられません。日本では経済状況のみならず、将来の少子高齢化社会を考えれば、国内自動車販売台数は減少傾向です。

ですから先進国自動車メーカーの生き残りをかけた戦場が新興国市場となっています。いずれは世界の自動車メーカーは5強に絞られるのではないかとも言われるパワーゲームになっています。

自動車の顧客（我々が車を買うとき）はデザイン、性能、燃費、安全性、品質、価格（順番は人によって違いますが）を厳しい視線で選びます。買う車はどこの国のメーカーであっても、どこの国で生産されたものであってもかまわないのです。基準はデザイン、性能、燃費、安全性、品質、価格です。ですからアメリカ市場では日本車、欧州車、韓国車も良く売れています。日本では円高・ユーロ安を背景に欧州車が急速に増えています。中国では実力をつけてきた中国メーカーの低価格車が伸び始めました。中国の中産階級は車が欲しいのですから、価格が優先されます。このように自動車産業は完全にグローバリゼーションに飲み込まれています。

日本の自動車メーカーはこの競争で負ければ明日がありません。それは自動車という単一商品の競争だからです。グローバル化した自動車ビジネスで生き残るには、世界の顧客要求を捉えて市場を寡占化させる競争というビッグビジネスを展開させる、すなわちパワーゲームの勝者になるか、特殊な顧客要求に的を絞ったブランド戦略でニッチビジネスで頑張るか、この二つの方法しかないでしょう。巨大化したグローバルな単一商品の競争はそうなっていきます。ハンバーガーやコーラを考えれば容易に理解できます。ですから、国内にとどまって生産性を上げて円安を待つという選択肢はありません。そのことを日本の自動車メーカーは十分に理解して、勝負をかけて海外進出の判断を下したのです。

同時に自動車部品メーカーもグローバリゼーションに飲み込まれています。部品メーカーは生きるか死ぬかで、世界中の自動車メーカー

11 世界で勝つ技術立国日本の底力

に品質の良い日本の自動車部品の販売攻勢をかけます。こうなると日本車だけが日本製の部品を使うこともなく、中国車も欧米車も日本メーカーの部品を使いますし、逆に日本のカーメーカーも中国、韓国の部品を使うようになります。日本メーカーの部品は日本だけで生産されるのではなく、新興国を中心にして世界中で生産されます。こうなってくると自動車ビジネスには国境がなくなってしまいます。これがグローバリゼーションです。

自動車生産量の急増の結果として、地球環境問題やエネルギー問題が急浮上しました。CO_2 削減は本当にグローバルな問題です。そこで先進国市場ではハイブリッドや電気自動車、燃料電池車などの環境適合車の投入が始まりました。環境対応車の開発には莫大な費用がかかりますから、先進国の巨大自動車メーカーしか対応する体力がありません。しかし巨大メーカーも開発コストで体力を消耗します。そこを低価格な従来車が新興国市場を奪おうとするのですから、油断していられなくなっています。環境対応車の大規模な普及にはまだ20年くらいかかるとも言われていますから、こういったグローバル競争で本当に体力がもちこたえられるのか心配になります。

日本の自動車会社の事業内容を見るとトヨタ自動車では圧倒的に自動車事業が中心です。日産自動車でも同様です。ホンダは二輪車が16％くらいあります。いま日本の二輪車は完全に世界市場を寡占化して勝者になっていますが、あとから新興国の二輪車が追い上げてきています。

では、自動車会社は事業内容をどのように変えようとしているのでしょうか。ホンダは二輪車から出発して四輪車、汎用エンジン事業を増やし、いまは小型ジェット機や人型ロボット ASIMO へと将来の製品開発へ軸足を動かしています。トヨタはスマートホーム、スマホと自動車の協奏、グリーンテクノロジー農業への道を進めています。

本当に巨大な自動車ビジネスはどのように変わっていくのでしょうか。これは自動車メーカーの企業存続の問題だけでなく世界の産業構

造全体に大きな影響を及ぼす問題になっていくと思います。

（4）テレビ

最後にテレビの話をします。テレビは日本の代表的工業製品で輸出製品でした。日本のテレビの生産は1950年に白黒テレビで始まり、カラーテレビに変わって1985年に1,789万台でピークになります。海外生産は1980年頃から始まり、2004年には4,239万台となります。その後、液晶テレビとなり、大型化され、多機能化されたのですが、価格下落に歯止めがかからず、昨年は韓国、台湾、中国メーカーに全く歯が立たず、大きく市場を失いました。

テレビを主力製品にしてきた日本の電機メーカーは経営的に大苦戦しています。その理由は、もうおわかりいただけると思いますが、"日本のテレビ"という単一製品の寿命がグローバリゼーションによって破壊され、尽きたからです。テレビの市場が新興国に移り、さらにテレビの生産や開発が新興国で可能になれば、日本企業がテレビ技術の高度化だけで生き残ることには限界があるのです。テレビ自体が世界からなくなるわけではないのですが、"日本企業の製品としてのテレビ"の寿命は尽きてしまうのです。物づくりの主役の座を誰かに奪われてしまうのです。

さらにいまテレビに変わる機能がパソコンやインターネット通信に埋め込まれようとしています。こうなってくると本当に"テレビ"の製品寿命が尽きてしまい、テレビ自体がこの世からなくなってしまうかもしれません。こういった事例はたくさんあります。レコード、カセットテープ、CD、MD、iPod、スマートフォンと音楽の世界ではハードもソフトも急変化をしました。

（5）製品には寿命があることを認識すべき

どんな優れた製品にも製品寿命があります。50年も100年も同じ製品を品質向上と技術の高度化で作り続けられることはありません。か

11 世界で勝つ技術立国日本の底力

ならず新しい製品が生まれたり、市場が大きく動いてしまったり、生産者あるいは生産国が取って代わられたりします。それは人々が欲するような新製品を作って儲ければ、真似して作ろうとする人たちが大勢出て来るからです。特許や法律で真似することができなければ、似て非なるものが現れてきます。そして量が増えていくと、いつの日か、20年もすれば特許も切れて、品質が良くなって、価格が下がって、最初の製品を追い越して進化していきます。最初に儲けた製品は技術の高度化で対抗しようとするのですが、市場が要求する以上の高度化技術は無用なものとして認めてもらえません。これ以上の機能はもう要らないと市場は言います。日本の携帯電話を見ればおわかりだと思います。

　さらに最初に儲けた企業、あるいは生産国では、賃金が上がってコストが上昇します。徹底的な効率化でコストダウンを図るのですが、新興勢力のコストにはかないません。その結果、生産地域を賃金の安い場所に動かすか、賃金の安い国の企業にとられるか、という事態が起こってきます。また最初に始まった国では、もうその製品の需要は飽和してしまっていて買い替え需要くらいしか存在しなくなります。テレビも携帯電話もある水準以上の技術レベルに達すると市場は満足してしまいます。

　換わって新興国では旺盛な需要が出てきますが、ここで求められるのは製品の持つ基本機能と低価格です。つまり市場自体が大きく動いて市場要求が基本に戻ってしまいます。ここに先進国企業の悩みがあるのですが、こうなってしまうと勝ち目はありません。ここで最初に始めた企業にとって、その製品寿命は尽きたということになります。

（6）テクノロジー・イノベーションは一瞬に製品寿命を奪う

　もう一つ、製品寿命はテクノロジー・イノベーションで尽きてしまうことがあります。昔、カメラメーカーはフィルムを生産していませんでした。写真が中産階級にとって思い出を記録する唯一の手段だっ

た20世紀には、カメラメーカーとフィルムメーカーは基本的に分離していました。ですから消耗財であるフィルムを作るフィルムメーカーは独占的に儲かりました。したがってフィルムメーカーはカメラからフィルムを無くそうとは考えませんでした。

しかしカメラメーカーはデジタル技術が進化してくると、デジカメを開発して市場投入して、カメラからフィルムを無くしてしまいました。カメラ専業メーカーはもともとフィルムを作っていないのですから、フィルムがなくなることに躊躇はありません。消費者にしてみればフィルム不要のカメラは魅力です。フィルム代は無くなるし、現像もしないでプリントは自宅のプリンターで出来るようになってとても便利です。そこで一気にデジカメブームが起きました。その結果がコダックの倒産です。しかし富士フィルムは同じフィルムメーカーでしたが成長を続けています。大きく明暗を分けました。

「製品寿命」という言葉は頭の中では理解できるのですが、成功している事業をネガティブな眼で見ることは経営者は不得意です。とくに ROI（Return on Investment）だけを重視していると視野が狭くなって、優良事業の維持と拡大に眼が行ってしまい、好調な事業は永遠に発展していくような錯覚に陥ります。しかし製品には必ず寿命があると考えなければいけません。「今は優良事業であっても必ず終焉が来る、だから次の事業の種を仕込まなければ」と考える経営者が優れた経営者なのです。単一製品だけでは企業は生き延びられないことを知っている経営者です。

富士フィルムにしても、写真用フィルムが絶好調なときにデジカメの出現を予期して、デジカメの開発をすると同時に、自社のコア・テクノロジーに基づく新規事業の育成に着手していたから、カメラからフィルムがなくなるというイノベーションが起きても企業を成長させ続けることができたのだと思います。逆に、絶好調の写真フィルム事業に特化して収益効率を上げるために他の事業を整理したのがコダックだったのです。経営者の判断が大きく明暗を分けました。

3．これからの日本の産業は何か？

（1）絶対必要な再生可能エネルギー

　これからどんな時代が来るのでしょうか。グローバリゼーションの渦は21世紀をどんな時代にするのでしょうか。想像してみる必要があります。

　まず人口が増加します。現在世界の人口は70億人ですが、2050年には90億人になると言われています。人口増加と共にエネルギーと食料が必要になります。新興国の人たちは豊かさを求めます。家電、自動車、住宅、鉄道、航空機など先進国がたどったのと同じ道をたどってくるでしょう。新興国の豊かさを実現させるためにはエネルギーが必要です。人口増加による需要増加の中でエネルギーを石油、石炭、天然ガスのような化石燃料だけでまかなっていくことは不可能でしょう。掘削技術を進化させてエネルギー資源を地下深くから取り出せたとしても、燃焼させることによって発生する CO_2 問題が解決できなければ、地球はあっという間に砂漠化して滅んでしまいます。

　この問題を解決するためにはクリーンエネルギーが絶対に必要です。原子力発電もその答えの一つですが、福島での事故から考えると原子力が本当に安全な究極のエネルギー源として人類の賛同を得るのは難しいでしょう。ドイツは原発全廃を宣言しました。日本は地震というリスクがありますから、ドイツ以上に原発には立地条件が悪いと言えます。

　そこでクリーンエネルギーの普及という緊急課題が日本にあります。日本は世界第7位の排他的経済水域面積を持っています。これを用いて海上に風力発電装置を設置していくことや、ソーラーパネルを普及させて太陽光発電を行うことが絶対に必要ですし、すでにその動きは始まっています。また日本が火山地帯であることを利用しての地熱発電も本格的に検討されだしています。

　平地面積の少ない国ですから山間部での新形式の水力発電といわれ

る揚水発電が考えられています。揚水発電というのは山間部で上のほうと下のほうの二箇所に大きな貯水池を作って、電力需要が少ない時間に下の池から上の池に水を汲み上げておいて、電力需要の高いときに上から下に水を落として発電するというシンプルな水力発電です。自然を利用した電池のようなものです。兵庫県の山間部にある奥多々良木発電所ではすでに実用化されていて最大193万2,000キロワットの発電量です。

（２）クリーンエネルギーを日本の輸出産業にする

このような再生可能エネルギーでの発電比率は日本の総発電量のわずか３％程度ですが、これを増やしていくためには各発電システムの発電効率を上げることが必要です。たとえば太陽電池の中核部材「セル（発電素子）」の変換効率は米国サンパワー社の22％台が最高といわれ、パナソニックがそれを上回る24％に引き上げると言われています。それでもまだ効率20％台ですから改良の余地は大きく残っています。

揚水発電では組み上げるエネルギーが大きすぎて発電量以上の電力が組み上げ時に必要という問題を持っています。エネルギー保存則で考えれば当然ですが、もっと水をくみ上げる効率を上げなくてはいけません。海上風力発電では発電効率と同時に海上設置による20年間メンテナンスフリーにしたいという問題を持っています。一度海上に設置したら修理も交換も大変なコストがかかるからです。

このように再生可能エネルギーの開発は緒に就いたばかりですから、まだまだ解決しなければならない技術課題をたくさん抱えています。そこに日本の科学技術力や機械、部品、素材の研究開発力の発揮場所がたくさんあります。こういった技術課題を日本の基盤技術力で解決しながら新製品を開発して、クリーンエネルギー関連産業を日本の輸出産業に育て上げていけばよいのです。

（3）省エネ国家の実現が産業の裾野を広げる

　エネルギー問題では、エネルギーを作ると同時に使用量を減らすことが必要です。自動車で言えば燃費ですし、エアコンでは消費電力の削減です。どちらもこの20年くらいでエネルギー消費を半減することが出来ました。日本の自動車と省エネエアコンは世界トップと言われています。しかし現在までの省エネルギーの取り組みは、自動車とかエアコンとか、製品ごとの個別最適でした。それを全体最適的に持ち込んで更に省エネルギーにしようとするのがスマートグリッドやスマートシティ、スマートハウスです。スマートハウス市場は2020年に12兆円市場になると報じられています（日経産業新聞2012年3月21日）。この取り組みは日本の電気会社や電力会社だけでなく、建設、機械、自動車、部品、素材と大きく産業構造の裾野を広げていきます。

　具体的なスマートシティやスマートホーム作りではトヨタ自動車とパナソニックが協力して神奈川県藤沢市に展開する計画が発表されています。このようにエネルギーを中心に我々の生活が大きく変わっていきます。そしてこの新エネルギーシステムの実現のためには新しい機械や電気・電子製品が必要になり、そこにも日本の素材・部品を中核としたもの作り技術力の発揮する場所があります。世界一の省エネ国家を実現させていくことが日本の最大のテーマであり、持続可能社会実現のために世界が目指していく方向です。省エネ国家の実現の中に日本の新産業創出の可能性があります。

（4）日本は農業の工業化でトップランナーになるべき

　飽食の時代と言われますが、2007年のデータでは日本の穀物自給率は28％で、世界177ヵ国中124番目です。これは世界の先進国の中ではきわめて低い数字です。最も高い国はアルゼンチンの306％で、オーストラリアは175％、アメリカは150％です。ドイツでも102％です。日本は食糧を輸入に頼っている国です。ですから世界人口が増加して、世界のどこかで天候不順で干ばつでも起きると日本は突然食糧不足に

陥るリスクがあります。そうはわかっていても日本の農業改革は進みません。農業従事者の数も増えませんし、高齢化も進んで、食料自給率は良くなりそうもありません。

そんな中で日本企業は野菜栽培の工業化に乗り出しています。豊田通商は宮城県でパプリカの栽培、トヨタ自動車は茨城県つくば市の農業生産法人TKFとベビーリーフの栽培にトヨタ生産方式を利用して始めています。電力中央研究所では植物工場向けにサニーレタスの収穫量に増加のための発光ダイオード（LED）を青色領域で制御して白色蛍光灯より収穫量を2割増やしました。

いまスーパーに行くと工場産の葉物野菜が多数売られています。トマトジュースの会社ではハイテクトマト生産工場でトマトを生産しています。野菜の生産が少しずつですが工業化してきました。このように農業を工業化していくことは日本にとって絶対に必要なことですし、世界人口増加と共に日本だけでなく世界中に必要になっていくことなのです。農業を工業化するために必要な資源は、水、光、肥料です。これらを工業的に進化させて最もエネルギー効率の良い生産方式を開発していくには、やはり基盤となる素材、部品の技術が不可欠です。

水を作るには水リサイクルや海水淡水化が必要です。そこに使われる水処理設備や浄化膜が必要です。光も太陽光以外にLEDなどの人口光が有効になるでしょう。更に植物の栄養分としての安全で効率の良い肥料が必要となります。そして全体システムの最適化を実現するためには温度や湿度などをはじめ、各種センサーが必要です。もちろん空調設備や新しいハウス（工場）が必要です。

このように考えて行くと、農業の工業化という日本にとって絶対に必要とされる産業の裾野には大きな産業基盤が広がっていきます。農業の工業化はもうすぐ世界中が必要とする産業です。世界人口の増加で食糧不足は起きますし、環境問題から地球の砂漠化や天候変動が起きやすくなっているからです。日本が農業の工業化でトップランナーになるべきです。その理由は、農業の工業化実現に必要な研究開発力

や素材・部品などのしっかりした産業基盤があるからです。農業の工業化では成果としての農産物だけでなく、農業機械化システムやその構成要素である、ハウス、空調、センサー、照明、設備機械、部品など多くの工業製品が新たな輸出品となっていくのではないでしょうか。農業を工業化させていけば日本は世界一の農業国家になることも不可能ではありません。

（5）医療・製薬こそ次の高度技術産業

　CT スキャナーの日本の保有台数は世界一位です。CT スキャナーの世界生産台数は2004年では年間5万台でしたが、2010年には40万台になり、2015年には60万台に達すると予測されています。そのメーカーは GE、シーメンス、フィリップス、東芝、日立です。CT スキャナーではX線照射技術、画像処理技術などに大変高度な技術が用いられます。これを実現しているのは先進国のトップ企業である5社なのです。

　日立製作所は陽子線を用いたがん治療装置を米国の大手小児病院から総額100億円の受注をしました。胃カメラではオリンパスが世界シェアの70％を持っていることはご存知でしょう。病院で行う血液や尿の検体検査機器や試薬では神戸に拠点を持つシスメックス社は大変強い技術を持って急成長しています。いま病院での検査時間が大幅に短縮されて、1時間くらいでたいがいの検査結果が出るようになってきました。シスメックス社は製品の70％を輸出しています。

　日本の製造業の多くが医療・製薬関連の事業に着手し、研究開発体制を強化しています。富士フィルムが神奈川県開成町に設立した先端研究センターはフィルムのための研究所ではありません。次世代の製品開発を強化するものです。医療・薬品ビジネスでグローバルなトップ企業になろうとしています。

　このようにデジカメやパソコンで培ってきた技術が医療関連技術として進化して人間のために使われているのです。新聞を開くと多くの

日本の精密機器メーカーが医療器具に、食品メーカーや化学メーカーが薬品開発に向かって走り出していることがよくわかります。医療・製薬は人間の命に直接かかわる産業分野です。ここでは超高度技術が必要とされます。この産業を実現できるのは高度な技術を保有する先進国企業だけです。日本の最高の付加価値を持つ輸出製品は医療、薬品など命にかかわる産業になると思います。

（6）ロボット産業が日本の物つくりを進化させる

　工業用ロボットの生産では日本の快進撃が続いています。日本のプレイバック産業ロボットの生産は2000年の3万360台から2008年には6万435台と2倍に増加しました。ファナックは産業用ロボットでは世界シェアの20％を持ち、この拡大に向かって2011年に国内新工場を稼動させて月産能力を5,000台に倍増させています。全量を国内生産して海外売上比率は75％です。安川電機は従来の自動車用や液晶パネル搬送用ロボットに加えて、食品や医薬品などの衛生管理に厳しい工場で使用されるロボットの専用工場を新設することを決めました。

　産業用ロボットに使用される減速機で60％の世界シェアを持つナブテスコ社では2008年には年間36万台だった生産能力を2012年末までには60万台に増やして、更に効率化で80万台体制にする計画です。国際ロボット連盟の予測では産業用ロボットの伸びは年率8％で増加していくと予測しています。ロボットは日本の中核産業になろうとしています。いまは産業用ロボットが中心ですが、家庭にもロボットが入りだしました。すでに床のお掃除ロボットは販売台数が急速に伸びています。これからは家事をこなし、セキュリティもしてくれるホームロボットが出てくるでしょう。アシモのような人型ロボットが高齢化社会を助けてくれる時代は目の前に来ているのではないでしょうか。

　ロボットには小型、軽量、高剛性、高速、高精度な位置決めが求められます。更にホームロボットには"見る"、"聞く"、"話す"機能が必要です。人間とコミュニケーションをとる人工知能（AI）が必要

になります。ロボット技術を実現して高度化させながら人間に近づけていくためには、新しい軽量・高強度な素材や摩擦の低い小型部品、超長寿命バッテリー、高精度視覚センサー、大容量な小型コンピュータシステムが必要です。ここにもまた日本のエレクトロニクスを中心とした素材・部品の高度な技術が生きてきます。ロボット産業は機械、エレクトロニクス技術の裾野を大きく広げていくはずです。

4．日本の底力を可能にするものは

　このように、これからの日本は21世紀の持続可能社会が必要とする、環境、エネルギー、健康・医療、安全・安心をキーワードとした新しい産業を興していきます。その動きはすでに始まっています。航空機の軽量化を実現する炭素繊維や海水淡水化装置を実現する逆浸透膜、電化社会では絶対に必要な高機能磁石材料、石油に依存しない再生可能な植物ポリマー、とコアの先端技術が多くあるのが日本の技術力の底力と言えるでしょう。

　こういった強い基盤技術が持てたのは、日本には真摯に技術に向き合い時間をかけて研究開発を継続させる風土があるからです。時間をかけて困難な技術課題を解き明かしていくDNAを日本人の技術者が持っているからです。もっと大事なことは、日本の製造業にはこのような技術者を大事に育てながら、未来に備える思想を持つ経営者が多数いることです。短期的利益だけにとらわれず、10年20年先の企業の未来を見据える経営者が日本の100年企業を実現しているのです。

　東レの社長、日覚昭広氏は2012年1月16日の日本経済新聞の紙面でこう語っています。

　「当社は日本で技術開発し、まず日本で量産し、時間がたてば海外にも展開するということを繰り返してきた。炭素繊維も同じだ。経営者として言えば、次世代技術の種を絶やさず、為替がどんな水準になろうと日本でも5千億～6千億円規模の事業を継続する覚悟だ。

現にいまも円高の逆風のなかで、先端材料を量産するための設備投資を岐阜や茨城、静岡などの各拠点で実行している」

　日本の100年企業は幾多の経営的困難を乗り越えて、自分を変えていく力と知恵を身につけています。単一製品を追わず、次世代の新製品を生み出し続けるために、コア・テクノロジーの成長に継続的に投資していきます。
　変化の時代には、自らが"変化"することが最も重要です。"変化"できずに同じ製品にしがみつけば、いつかは追い込まれて滅ぼされてしまいます。この危機感を持って常に目線を未来に向けているのが優れた経営者です。
　しかし"変化"するためには、周到な準備ができていなければ実現できません。"変化"への準備は短期間では出来ません。将来を見据えたビジョンや企業戦略に基づいた継続的な研究開発の努力の上に"変化"をさせることが出来るのです。その供えを持った日本企業にいま大きくチャンスが広がっていると考えるべきでしょう。
　ITネットワークがグローバリゼーションを起こして世界との距離を短くし、時間の感覚も短くしました。あらゆるものが短距離、短時間になって新興国では中産階級が急増してきました。それと同時に、彼らが求める家電や自動車などの消費財は、市場も生産国も場合によっては生産者も新興国に移ってしまいます。これがグローバリゼーションです。このグローバリゼーションによる"変化"の中で日本の製造業は大きく形を変えて成長して、本当の世界企業（グローバルカンパニー）になっていきます。
　グローバリゼーションが起こした変化の時代では自分自身を"変化"させる術を知り、"変化"に備えてコア・テクノロジーの進化に飽くなき挑戦を続けてきた企業が、日本に新たな産業を起こしていきます。これを可能にするのは未来を見据えて継続的な努力をする日本の製造業の経営者マインドなのです。

11 世界で勝つ技術立国日本の底力

それが技術立国日本の底力なのです。

これからの日本の産業
20世紀の消費財は新興国へ
新しい産業の創出が必要

部品
素材

■執筆者紹介

安岡 孝司（やすおか たかし）
1953年生まれ。大阪大学理学部数学科卒業、九州大学大学院数理学研究科修了（博士、数理学）。みずほ情報総研㈱（旧㈱富士総研）金融技術開発部部長を経て、2009年4月より芝浦工業大学大学院工学マネジメント研究科教授。
著作：『債券投資のリスクとデリバティブ』（大学教育出版、2012）、『市場リスクとデリバティブ』（朝倉書店、2005）。

稲村 雄大（いなむら かつひろ）
早稲田大学大学院商学研究科博士課程、（独）産業技術総合研究所ベンチャー開発戦略研究センター研究員、東海大学政治経済学部経営学科専任講師を経て、2009年より芝浦工業大学大学院工学マネジメント研究科准教授。博士（商学：早稲田大学）。
著作：「ホスト国環境と日本企業の海外研究開発活動―研究開発拠点データを用いた実証分析」（『国際ビジネス研究』2012）他。

平野 真（ひらの まこと）
1952年生まれ。早稲田大学応用物理学科卒、同理学修士、博士（工学）、MBA、博士（学術）。NTT研究所G長、NEL America Inc. Director、高知工科大学コース長等を経て、現在芝浦工業大学大学院教授。
著作：『アフターマーケット戦略』（白桃書房、2011）、『技術者のための起業マニュアル』（創風社、2005）ほか多数。

渡辺 孝（わたなべ たかし）
1947年生まれ。東京工業大学修士課程社会工学専攻修了。同年日本開発銀行（現日本政策投資銀行）入行、2001年設備投資研究所長を最後に退職。東工大TLOでハイテクベンチャー創業支援等を実践しつつ、2003年4月芝浦工業大学大学院工学マネジメント研究科教授。
著作：『アカデミック・イノベーション』（翻訳）（白桃書房、2008）、『企業化戦略』（オーム社、2007）。

田中 秀穂（たなか ひでほ）
1958年生まれ。東京都立大学理学研究科修士課程修了。大阪大学より博士（学術）。三菱化学株式会社、京都大学医学研究科助教授を経て2008年芝浦工業大学大学院工学マネジメント研究科教授、2012年同研究科長。
著作：「国立大学法人から出願される医薬関連特許の排他性に関する研究」（『研究・技術・計画』2009）、「iPS細胞の科学、技術、イノベーション」（『日本知財学会誌』2008）等。

堀内 義秀（ほりうち よしひで）
1951年生まれ。イリノイ大学コミュニケーション学部修士課程修了、ペ

ンシルベニア大学ウォートンスクール博士課程修了、大正製薬外国部、ラサール大学常勤講師、ソシオアトミック PR 取締役、静岡県立大学教授を経て、2005年10月より芝浦工業大学大学院工学マネジメント研究科教授。慶応義塾大学 SDM 研究科非常勤講師。
著作: *Dialogue as a Collective Means of Design Conversation.* New York: Springer, 2008.(共著)

吉久保誠一（よしくぼ せいいち）
1941年生まれ。芝浦工業大学機械工学科卒業、博士（学術）。TOTO 機器株式会社専務取締役退任後、芝浦工業大学大学院工学マネジメント研究科教授、岩手大学客員教授、TOTO、森村商事顧問。
著作:"オープンイノベーションによるプラットフォーム技術の育成"（『技術と経済』、2007）、"デザインと技術・経営のベストミックス"（組織学会、2005）、"企業における商品開発の方向性決定のプロセス"（日本開発工学会、2006）。

碓井　誠（うすい まこと）
同志社大学工学部卒業、1978年㈱セブン・イレブン・ジャパン入社。2000年、常務取締役情報システム本部長に就任。2004年に（現）フューチャーアーキテクト㈱ 取締役副社長、2011年10月に株式会社オピニオン設立（代表取締役）。2009年より芝浦工業大学大学院工学マネジメント研究科教授、2010年より京都大学経営管理大学院特別教授等を兼務。
著作:『セブン-イレブン流サービス・イノベーションの条件』（日経 BP 社、2009）ほか。

谷口　博昭（たにぐち ひろあき）
1948年生まれ。東京大学工学部土木工学科卒業、国土交通省道路局長、技監、事務次官を経て、2011年1月より芝浦工業大学大学院工学マネジメント研究科教授。
著作:『復興宣言』共著（時評社、2011）、『公民連携白書2010-2011』共著（時事通信出版局、2010)他。

町田　尚（まちだ ひさし）
1947年生まれ。東北大学工学部精密工学科卒、横浜国立大学より博士（工学）授与。日本精工株式会社取締役代表執行役副社長技術開発本部長を経て、現在同社顧問、日立金属株式会社社外取締役。2012年4月より芝浦工業大学大学院工学マネジメント研究科教授。
著作:『夢の新製品を生み出す10の鉄則』（PHP ビジネス新書、2010）

編　者
芝浦工業大学大学院　工学マネジメント研究科

芝浦工業大学は「社会に学び社会に貢献する実践的技術者の育成」を建学の理念として、1927年に有元史郎によって東京高等工商学校として創立され、以来「実学を通じて真理を探究できる技術者、高い倫理観と豊かな見識を持った技術者」を掲げて多くの卒業生を送り出し、社会に貢献してきた。本学工学マネジメント研究科（MOT）は、実学重視の建学の理念をもとに、日本で最初の専門職MOT大学院として2003年に発足。

戦略的技術経営入門
（せんりゃくてき ぎじゅつけいえいにゅうもん）
――グローバルに考えると明日が見える――

2012年9月1日　第1刷発行

編　者

芝浦工業大学大学院工学マネジメント研究科

発行所

㈱芙蓉書房出版

（代表　平澤公裕）

〒113-0033東京都文京区本郷3-3-13
TEL 03-3813-4466　FAX 03-3813-4615
http://www.fuyoshobo.co.jp

印刷・製本／モリモト印刷

ISBN978-4-8295-0560-1

【芙蓉書房出版の本】

変革型ミドルのための経営実学
「インテグレーションマネジメント」のすすめ
橋本忠夫著　本体 1,900円

超複雑環境下での次世代経営スタイルはこれだ！　トップと変革型ミドルのオープンなコミュニケーションで実際の問題を解決する経営スタイル「インテグレーションマネジメント」を提唱。変革型ミドルとは、「経営目標の共有だけでなく、立案にも自主的に参画しようとする組織人」。

日本型「ものがたり」イノベーションの実践
寺本義也編著　本体 2,300円

危機的状況といわれる日本のものづくり。日本企業の挑戦すべき課題は「技術で勝ってビジネスで負ける」状態からの脱却と新たな成長の実現。未来を創るプロデューサー型人材たちの企業におけるイノベーション実践を検証。

イノベーションと研究開発の戦略
戦略研究学会編集　三藤利雄監修　玄場公規著　本体 1,900円

世界トップレベルの研究開発能力を有している日本企業の業績が低迷しているのはなぜか？　イノベーションの重要な源泉であり、日本の経済成長の原動力ともいえる研究開発活動を戦略的に進めている、日本の大手企業4社の研究開発マネジメントの事例を徹底分析する。

マーケティング戦略論
レビュー・体系・ケース
戦略研究学会監修　原田　保・三浦俊彦編著　本体 2,800円

〈既存のマーケティング戦略研究の理論〉と〈現実のビジネス場面でのマーケティング実践〉…この橋渡しとなる実践的研究書。「既存の主要研究のレビュー」「独自の戦略体系の提示」「実際のケースで有効性を検証」の3節構成。

経営戦略の理論と実践
戦略研究学会監修　小松陽一・高井　透編著　本体 2,800円

「戦略」「経営戦略」という用語と複雑な経営戦略現象とを架橋し、より生産的な経営戦略の教育と実践の実現を追求する。経営戦略論の代表的な分析パラダイムから、戦略オプションごとの事例解説、考察まで重層的な構成。

ブランドデザイン戦略
コンテクスト転換のモデルと事例
戦略研究学会監修　原田　保・三浦俊彦編著　本体 2,800円

商品・サービス・企業・地域の価値を高めた12の成功事例から学ぶ。他の商品との組み合わせや消費生活全体の見直しという大きな視点で捉える「コンテクストブランディング」を提唱する。

【芙蓉書房出版の本】

徹底検証 グローバル時代のトヨタの危機管理
佐久間 健著　本体 2,300円

グローバル時代に求められる企業の危機管理とは？　米国における大規模リコール問題で危機を迎えたトヨタはどう対処したのか徹底検証する。企業の大小に関係なく起こるのが、リスクの過小見積もりによる想定外の企業危機。

企業力は「広報」で決まる
戦略的広報と危機管理コミュニケーション
佐久間 健著　本体 2,300円

広報力の格差が企業力の格差になる。いま企業に必要なのは次世代の危機管理と広報力の確立だ！

企業不祥事が止まらない理由
村上信夫・吉崎誠二著　本体 1,900円

不祥事は、起こしたこと以上に、どう対応したかで非難されるのだ！　不祥事が起こる本質的な原因と、発生後の対応を個々の事例で詳細に検討「二次的なクライシス」への備え方を提言。〈テレビの報道現場にいる放送作家〉と〈企業経営をアドバイスするコンサルタント〉が正反対の立場から見た現状と対策。

危機管理の理論と実践
加藤直樹・太田文雄著　本体 1,800円

朝鮮半島情勢、中国の海洋進出、テロ、災害……。さまざまな危機をどう予知し、どう対処するか？　「人間の安全保障」という戦略を実現するための戦術としての"危機管理"を理論と実践の両面から検証する。

桁違い効果の経営戦略
新製品・新事業のビジネスモデル創造
石川 昭・税所哲郎編著　本体 2,500円

日本企業の生産性とコストパフォーマンスは本当に落ち込んでしまっているか？　新時代の生産性を飛躍的に向上させた劇的な桁違い効果の事例50件以上を分析し、新しいビジネスモデルを提示する。

消費者志向の経営戦略
古谷由紀子著　本体 1,800円

企業活動を消費者利益と調和させ、消費者の支持と信頼のもとに成功を収める時代がすぐそこに来ている。調査活動や、さまざまな企業の消費者志向経営への参画のなかで築いてきたノウハウや情報に基づいて企業戦略に不可欠の〈本物の消費者志向経営〉とは何かを示す。